Zimmer
PFLANZEN

Symbole und Abkürzungen

Pflegeanspruch
- wenig
- mittel
- hoch

Standort
- vollsonnig
- hell
- halbschattig
- schattig

Merkmale
- Blüten
- Blätter
- Gestalt
- Früchte
- Duftpflanze
- (in Teilen) giftig
- Prima-Klima-Pflanze

Wasserbedarf
- – trocken
- sehr wenig gießen
- mäßig gießen
- feucht halten
- nass, sumpfig

Wuchshöhe

Platzierung
- B Bad
- F Flur
- K Küche
- S Schlafzimmer
- T Treppenhaus
- TE Terrasse/Balkon
- WI Wintergarten
- WO Wohnräume
- f. feucht
- kü. kühl
- w. warm

© Naumann & Göbel Verlagsgesellschaft mbH
Emil-Hoffmann-Straße 1
D–50996 Köln
Autorinnen: Brunhilde Bross-Burkhardt, Christine Weidenweber
Gesamtherstellung: Naumann & Göbel Verlagsgesellschaft mbH, Köln
Alle Rechte vorbehalten

ISBN 978-3-625-13312-4

www.naumann-goebel.de

Zimmer PFLANZEN

Brunhilde Bross-Burkhardt
Christine Weidenweber

Inhalt

6 Die besten Voraussetzungen für grüne Räume

8 Was eine Zimmerpflanze braucht

38 Bessere Luft mit Prima-Klima-Pflanzen

44 Krankheiten & Schädlinge

60 Eingetopft – Gestalten mit Stil

70 Vermehren – gewusst wie

78 Fit für den Urlaub

84 Räume für Pflanzen – Garten im Glas

92 Mit Vorsicht zu genießen

98 Die schönsten Zimmerpflanzen im Porträt

100 Beliebte Klassiker

130 Saisonpflanzen

140 Neue Indoor-Trends

150 Die dritte Dimension

160 Unter Palmen

166 Zimmer-Bonsai

176 Die besten Orchideen

194 Kakteen und Sukkulenten

210 Welche Pflanze passt zu mir?

210 Beliebte Klassiker

213 Saisonpflanzen

214 Neue Indoor-Trends

214 Die dritte Dimension

215 Unter Palmen

215 Zimmer-Bonsai

216 Die besten Orchideen

217 Kakteen und Sukkulenten

219 Glossar

220 Register

Die besten Voraussetzungen für grüne Räume

- Was eine Zimmerpflanze braucht
- Bessere Luft mit Prima-Klima-Pflanzen
- Krankheiten & Schädlinge
- Eingetopft – Gestalten mit Stil
- Vermehren – gewusst wie
- Fit für den Urlaub
- Räume für Pflanzen – Garten im Glas
- Mit Vorsicht zu genießen

Die besten Voraussetzungen für grüne Räume

Was eine Zimmerpflanze braucht

Damit Pflanzen wachsen und gedeihen, braucht man nicht unbedingt den „grünen Daumen". Mit einem Grundwissen über die Herkunft der Pflanzen, ihre Bedürfnisse und Eigenheiten ausgestattet, können Sie jede Wohnung mit grünen und blühenden Pflanzen dauerhaft verschönern.

Ein Leben ohne Grün – das ist kaum vorstellbar. Pflanzen sind für uns nicht nur lebensnotwendig, sie wirken sich nachgewiesenermaßen auch positiv auf unser Wohlbefinden aus.

Wir umgeben uns nicht zuletzt deshalb so gern mit Grün, weil diese Farbe neben ihrer beruhigenden Wirkung zugleich die Stimmung hebt und wir uns gern um lebende Pflanzen kümmern. Sie sind nicht nur Einrichtungsgegenstände, die eine Ecke verschönern oder als Gestaltungselement passend zur Einrichtung Akzente setzen. Wir müssen ihnen auch den richtigen Platz suchen, sie mit Wasser und Nährstoffen versorgen und vor Krankheiten und Schädlingen schützen. Es gibt Menschen, die mit ihren grünen Lieblingen sprechen – und die fest davon überzeugt sind, dass diese tägliche Ansprache Wachstum und Gesundheit fördert. Probieren Sie es einfach einmal aus!

Orchideen stehen auf Platz 1 der Zimmerpflanzen-Hitliste. «

Farne sind attraktive Grünpflanzen mit Prima-Klima-Effekt. »

Die besten Voraussetzungen für grüne Räume

Die Herkunft beachten

Sicher hat jeder Zimmergärtner das schon einmal erlebt: Man kauft eine Pflanze, die gut gefällt, zur Einrichtung passt und toll aussieht, doch nach einigen Wochen fängt sie an zu kümmern, bekommt Krankheiten und/oder Schädlinge und muss zu guter Letzt weggeworfen werden. Es gibt verschiedene Ursachen für eine solche Entwicklung, ein falscher Standort steht allerdings dabei an erster Stelle.

Zimmerpflanzen stehen meistens ganzjährig im Haus, da sie in der freien Natur nicht überleben würden. Seit einigen Jahrhunderten werden Zimmerpflanzen bei uns kultiviert, fast alle stammen jedoch nicht aus unseren Breiten, sondern aus tropischen und subtropischen Gebieten, Wüsten, Steppen oder Trockenwäldern. Die Pflanzen wurden

Zeitweilige Gäste

Zimmerpflanze ist nicht gleich Zimmerpflanze. Manche von ihnen sind nur kurzfristig Gäste in unseren Wohnräumen. Vor allem Frühjahrsblüher wie Narzissen, Hyazinthen und Primeln schenken schon im Winter die ersten frühlingshaften Farben und Düfte. Doch da sie im Zimmer nicht lange halten, werden sie nach dem Abblühen meistens entsorgt. Allerdings können sie bei steigenden Temperaturen auch in den Garten gepflanzt oder als Grabbepflanzung verwendet werden und dort noch lange Jahre Freude schenken.

Was eine Zimmerpflanze braucht

Die Luftwurzeln der Phalaenopsis kommen in Glastöpfen besonders gut zur Geltung und sie bekommen hier genügend Licht. «

Das Rosa der Blüten wird durch das dunkelgrüne Laub der Begonien intensiviert. »

von wagemutigen Männern und Frauen gesammelt und nach Europa gebracht. Es gab Zeiten, wo man für besondere Pflanzen, z. B. Orchideen, ein kleines Vermögen bezahlte, ähnlich wie für ein besonderes Gemälde.

Heimat und Ansprüche

Pflanzen der Wüsten und Halbwüsten

Sukkulenten und Kakteen stammen überwiegend aus trockenen Savannengebieten, ebenso Fetthennen *(Sedum)*, Hauswurz *(Sempervivum)* und Agaven. In ihrer Heimat sind sie an Trockenheit, trockene Luft, direkte Sonne und geringe Niederschläge gewöhnt. Diese Stand-

Berühmte Sammler

*Um 1847 brachte beispielsweise Thomas Lobb Nepentes sanguinea aus den feuchten Dschungeln Südostasiens mit. Diese Vertreterin der Kannenpflanzen ist als Zimmerpflanze heute sehr beliebt, allerdings recht pflegeintensiv.
Ein anderer berühmter Pflanzensammler war Francis Masson, der 1773 die Strelitzie (Strelitzia reginae) und 1796 die Zimmerkalla nach Europa brachte.*

Die besten Voraussetzungen für grüne Räume

ortbedingungen machen die Pflanzen zu idealen, pflegeleichten Zimmergenossen. Zu viel Feuchtigkeit quittieren sie dagegen mit faulen, krankheitsanfälligen Trieben.

Pflanzen der winterfeuchten Subtropen
In diesem Klima gedeihende Pflanzen zählen zur Hartlaubvegetation mit immergrünen eher steifen Blättern. Die Regionen sind durch eine sommerliche Trockenperiode bei 25 °C geprägt. Der Winter ist feucht, die Temperaturen liegen bei 10 °C. Myrthen, Eukalyptus, Palmen und Citrusarten wachsen hier.

Pflanzen der Steppen und Trockenwälder
Viele unterschiedliche Pflanzen gedeihen in diesen Klimaregionen. Sie vertragen hin und wieder Trockenheit und niedrige Luftfeuchtigkeit. Verschiedene krautig wachsen-

de Pflanzen wie Beifuß-, Anemone- und Adonisarten, aber auch Gerbera, Geranien und Pelargonien, von denen einige Sorten durchaus als Zimmerpflanzen geeignet sind, benötigen eine Ruhezeit mit Temperaturen unter 8 °C. Während dieser Zeit wird selten gegossen und nicht gedüngt.

Pflanzen der Subtropen

In diesen Regionen und auch in tropischen Gebirgen sind beispielsweise viele Orchideen, Bromelien oder die Gattung Peperomia zuhause. Ihre Ansprüche sind nicht allzu hoch: Die Temperaturen sollten über 16 °C liegen, wünschenswert ist mittlere Luftfeuchtigkeit und am besten wird ein heller Standort ohne direkte Sonneneinstrahlung vertragen.

Pflanzen der tropischen Regenwälder

Wahrscheinlich die meisten unserer Zimmerpflanzen stammen aus tropischen Regenwäldern. Monstera (eine Liane), Philodendron, Bergenie, Farnarten, Gummibaum, Anthurie und Saintpaulie gehören dazu. Diese Pflanzen sind ganzjährig attraktiv und benötigen gleichmäßige Pflegeansprüche, die meistens als relativ hoch angesehen werden.

Man sollte es aber immer auf einen Versuch ankommen lassen, denn wenn der Standort im Zimmer den Pflanzen passt, ertragen sie meist auch den einen oder anderen Pflegefehler. Die Temperatur dieser Zimmerpflanzen sollte mindestens 18 °C betragen, die Luftfeuchtigkeit sollte hoch sein und die Erde gleichmäßig feucht.

Die Siebold-Fetthenne fühlt sich im Sommer auf Balkon und Terrasse wohl. Sie benötigt viel Sonne und braucht nur wenig Wasser. Die Wintertemperaturen sollten um die 10 °C liegen. <<

Auch Schlauchpflanzen können den Sommer im Freien verbringen. Den Winter überstehen sie am besten im Haus bei etwa 5–10 °C. In hohen Gefäßen kommen die interessanten Pflanzen gut zur Geltung. >>

Die besten Voraussetzungen für grüne Räume

Auswahlkriterien

Unbewusst wählt man meist Pflanzen aus, die man bereits kennt und die gut gedeihen, aber auch saisonale Pflanzen wie Weihnachtssterne und Narzissen oder Pflanzen, die das Auge sofort ansprechen. Viele Menschen lieben blühendes Grün, das schlägt sich zum Beispiel in den Verkaufszahlen von Orchideen nieder, die ungebrochen die Liste der beliebtesten Zimmerpflanzen anführen. Andere bevorzugen Grünpflanzen wie Farne, Asparagus oder auch Kakteen.

Dass es so viele verschiedene Arten und Sorten gibt, ist kaum einem Zimmergärtner bewusst. Die Auswahl ist riesengroß, da lohnt es sich sicher, mal eine neue Sorte oder eine unbekannte Art mitzunehmen.

Spontankäufer neigen dazu, eine schöne Pflanze, die sie in einem Blumengeschäft entdeckt haben, einfach mitzunehmen. Doch nur Profis haben damit wirklich Glück. Beim Pflanzenkauf sollten Sie nach verschiedenen Kriterien urteilen und erst dann zugreifen:

- Passt die Pflanze zum Einrichtungsstil?
- Passt sie von der Größe, Blütenfarbe etc. zu den anderen Pflanzen?
- Ist ein geeigneter Platz vorhanden?
- Wie viel Pflege benötigt die Pflanze?
- Wie groß wird die Pflanze?
- Ist die Pflanze gesund?

Wer sich unsicher ist und die Zimmerpflanze möglicherweise gar nicht kennt, sollte sich unbedingt in Bezug auf Standort, Ansprüche und Pflege beraten lassen, um spätere Enttäuschungen zu verhindern.

Neben den wichtigen Merkmalen der Gesundheit und der Ansprüche ist noch ein anderer Aspekt von großer Bedeutung, nämlich der Einrichtungsstil des Zimmers. Es gibt zwar viele Pflanzen, die überall einsetzbar sind, doch bestimmte Arten symbolisieren einen besonderen Stil, der für romantisch, modern, klassisch oder jung und bunt steht.

Was eine Zimmerpflanze braucht

Gestaltungstipp

In modernen Wohnungen wird die Wirkung von Zimmerpflanzen noch unterstrichen, wenn man mehrere Pflanzen derselben Art und Sorte in einheitliche Töpfe setzt und miteinander gruppiert.

Glockenblumen sind blühfreudig und setzen wunderbare Akzente. «

Der Elefantenfuß gedeiht in Kakteenerde prächtig. «

Üppige Farne ziehen die Blicke auf sich und sind außerdem noch gut für das Klima. »

Die besten Voraussetzungen für grüne Räume

Qualität ist das A und O
Neben den äußeren Aspekten muss man beim Kauf unbedingt auf die Pflanzengesundheit achten, denn es kann verheerende Folgen haben, wenn Sie eine kranke Pflanze mit nach Hause nehmen. Ein kritischer Blick ist deshalb unbedingt anzuraten.
Kontrollieren Sie Blätter, Blattstiele, Blüten und auch die Erde. Vergilbte, staubige, verklebte Blätter deuten auf Schädlinge und Krankheiten, mindestens aber auf eine schlechte Pflege hin, die einen Krankheitsbefall begünstigen. Ein offensichtlicher Befall ist gegeben, wenn Sie Läuse, Spinnmilben oder weiße Fliegen entdecken. Sind Sie nicht ganz sicher, ob es sich um einen Befall handelt, Sie diese Pflanze aber dennoch gern haben möchten, stellen Sie das Exemplar zuhause zunächst unter Quarantäne in einen gesonderten Raum und in einiger Entfernung zu den anderen Grünpflanzen. Nach einigen Wochen wird sich herausstellen, ob eine Krankheit oder Schädlingsbefall vorliegt, den man entsprechend behandeln kann, ohne dass gleich alle anderen Zimmerpflanzen infiziert werden. Auch ein Blick auf die Erde ist ratsam: Stark ausgetrocknete Pflanzenerde weist auf eine schlechte Pflege hin. Die Pflanzen müssen erst mal wieder aufgepäppelt werden und sind bis dahin ebenfalls für Krankheiten und Schäd-

Was eine Zimmerpflanze braucht

Usambaraveilchen haben längst ihren altbackenen Touch abgelegt und präsentieren sich in bunten Farben. «

Einige trockene Zweige, um das Alpenveilchen herum gesteckt, lassen das Arrangement sehr natürlich wirken. »

Pflanzen für jeden Stil

Klassisch: *Begonie, Efeu, Palme, Kamelie, Bergenie, Fensterblatt, Orchidee*

Modern: *Calla, Asparagus, Yucca, Zamioculcas, Bogenhanf, Medinilla, Kakteen*

Romantisch: *Primel, Drehfrucht, Alpenveilchen, Hibiskus, Blattbegonie, Gloxinie*

Jung und bunt: *Topflilie, Vriesea, Azalee, Weihnachtskaktus, Osterglocken, Hyazinthen*

linge prädestiniert. Dasselbe gilt für einen übermäßig nassen oder sogar vermoosten Boden.

Weiterhin ist es wenig ratsam, große Pflanzen in zu kleinen Töpfen zu kaufen. Ihnen fehlt es mit Sicherheit an Nährstoffen.

Dichtes, grünes, frisches und festes Laub, viele Knospen und angefeuchtete Erde – Pflanzen, die so aussehen, sind gesund.

Wählen Sie bei Blütenpflanzen knospige Exemplare, sie halten länger und bereiten mehr Freude beim Aufblühen.

Wachstumsfaktor Licht

Für Pflanzen ist neben Wasser, Wärme und Nährstoffen vor allem das Licht lebensnotwendig, das sie zur Energiegewinnung benötigen (Fotosynthese). Dabei wird mithilfe von Licht Wasser und Kohlendioxid zu Traubenzucker umgewandelt und Sauerstoff an die Umgebung abgegeben. Wichtig ist außerdem der grüne Pflanzenfarbstoff Chlorophyll, der den Kohlenstoff einbaut. Zimmerpflanzenliebhaber müssen das wissen, weil panaschierte Pflanzen mit hellen Blattflecken weniger Chlorophyll beinhalten. Um den Mangel auszugleichen, benötigen sie unbedingt einen hellen Standort. Bekommen Pflanzen zu wenig Licht, können sie nicht genügend Energie produzieren. Es entwickeln sich lange dünne Triebe (Internodien), die Blätter bleiben klein und die Blütenbildung verzögert sich.

Von Lux und Beleuchtungsstärken
Das menschliche Auge kann Helligkeit ausgleichen, sodass wir geneigt sind, in einem Raum die Beleuchtungsstärke als etwa gleichmäßig anzusehen. Tatsächlich erhält eine

Was eine Zimmerpflanze braucht

> **Zimmerpflanzen und ihr Lichtbedarf**
>
> **Hohe Beleuchtungsstärke:** *Agave, Aloe vera, Ananas, Christusdorn, Einblatt, Kakteen, Passionsblume, Yucca*
>
> **Mittlere Beleuchtungsstärke:** *Dieffenbachie, Drachenbaum, Grünlilie, Kletterfeige, Schefflera, Usambaraveilchen*
>
> **Geringe Beleuchtungsstärke:** *Bogenhanf, Efeutute, Kolbenfaden, Monstera, Philodendron, Schusterpalme*

Pflanze, die einen Meter vom Fenster entfernt steht, aber nur noch die Hälfte der direkt am Fenster eintretenden Lichtmenge. Hinzu kommen jahreszeitliche Unterschiede, denn im Sommer liefert der Langtag neben einer höheren Sonneneinstrahlung auch mehr Licht. Im Winter herrscht daher oft Lichtmangel.

Gemessen wird die Beleuchtungsstärke in Lux. Um sicher zu gehen, dass die Pflanzen wirklich genügend Licht zur Verfügung haben, kann man die Beleuchtungsstärke mithilfe eines Luxmeters messen. Mittlerweile gibt es diese Geräte sogar in Baumärkten, und die Handhabung ist denkbar einfach. Damit selbst Pflanzen mit geringem Lichtanspruch überleben können, muss der Standort mindestens 500 Lux aufweisen.

Licht ist einer der wichtigsten Wachstumsfaktoren, an vielen Zimmerstandorten jedoch nicht ausreichend vorhanden. Pflanzen mit hohem Lichtbedarf gedeihen am passenden Platz üppig. <<

Bei diesem Arrangement ist die Pflanze fast nebensächlich. Die Töpfe ziehen die Blicke auf sich, da würde eine Pflanzendiva zu kurz kommen. >>

Wintergärten sind ideale Plätze für große Pflanzen mit hohem Lichtbedarf. Es sollte aber immer noch ein wenig Platz für Sitzgelegenheiten vorhanden sein, denn in einem „grünen" Wohnzimmer ist Entspannung garantiert. >> >>

Die besten Voraussetzungen für grüne Räume

Der richtige Standort

Im Freien werden die Standorte der Pflanzen nach sonnig, halbschattig und schattig unterschieden. Bei Zimmerpflanzen sind diese Kriterien ebenfalls relevant, allerdings ist es sinnvoller, eine Einteilung nach der Himmelsrichtung beziehungsweise der Lage der Fenster vorzunehmen. Bedenken Sie aber, dass die Beleuchtungsstärke durch Gardinen, eine besondere Verglasung, Bäume vor dem Fenster oder gegenüberliegende Häuser reduziert sein kann. Erfreulicherweise gibt es für alle verschiedenen Standorte auch geeignete Pflanzen, denn je nach ihrer ursprünglichen Heimat gedeihen beispielsweise Kakteen und Sukkulenten in voller Sonne, während Efeutute und Fensterblatt *(Monstera)* direkte Sonneneinstrahlung nicht vertragen. Generell gilt aber, dass Blühpflanzen mehr Licht benötigen als Grünpflanzen. Zimmerpflanzen, die sich im Halbschatten am wohlsten fühlen, können auch an einem Südfenster stehen, wenn eine Gardine den Lichteinfall begrenzt. Viel Licht ist zwar positiv, es kann aber direkt vor einem Südfenster im Sommer zu einem Hitzestau kommen, der Verbrennungen auf der Blattfläche von Pflanzen verursachen kann. Eine Schattierung an heißen Tagen ist deshalb ratsam.

Es werde Licht

Nicht jeder Raum ist lichtdurchflutet, im Gegenteil: In vielen Zimmern gibt es dunkle Ecken und ein Lichtdefizit für die Pflanzen ist schnell erreicht. Hinzu kommt die lichtarme Winterzeit, die oft einen erheblichen Mangel an Licht mit sich bringt. Die Pflanzen werden in dieser Zeit geschwächt und sind anfälliger für Krankheiten und Schädlinge.

Abhilfe schaffen hier spezielle Pflanzenleuchten, die es im Fachhandel und in Baumärkten gibt. Mit normalen Glühlampen erreichen Sie dagegen kaum eine Verbesserung für die Pflanzen, denn ausschlaggebend ist die Intensität der Strahlung im roten und blauen Bereich, und die ist bei Glühlampen nicht ausreichend.

Die Kakteen und anderen Sukkulenten passen perfekt zur Inneneinrichtung. Das stimmige Gesamtbild hat einen modernen Charakter mit historischen Akzenten, die durch die Skulpturen und Büsten hervorgerufen werden.

Im Spätfrühling entwickelt die Safranwurz die Blütentriebe. Die Blüten selbst sind unscheinbar, es sind die Hochblätter, die sich je nach Sorte in unterschiedlichen Farben präsentieren. «

Beleuchtungsstärke und Standort

- *An Süd-, Südost- und Südwestfenstern haben wir für mehrere Stunden am Tag direktes Sonnenlicht und eine hohe Beleuchtungsstärke. Direkt an einem Südfenster können das über 20 000 Lux sein, 1 m vom Fenster entfernt sind es noch etwa 3500–4000 Lux, in 2 m Entfernung beträgt die Beleuchtungsstärke dann nur noch 1500 Lux.*

- *Bei Ost- und Westfenstern liegt eine mittlere Beleuchtungsstärke zwischen 800–1500 Lux vor. Direktes Sonnenlicht gibt es einige Stunden am Tag.*

- *Nordfenster ohne direkte Sonneneinstrahlung bieten einen schattigen Platz mit geringerer Beleuchtungsstärke von 500–800 Lux.*

Die besten Voraussetzungen für grüne Räume

Wachstumsfaktor Temperatur

Der Temperaturbereich, in dem eine Pflanze sich wohlfühlt, ist von Art zu Art häufig sehr unterschiedlich und von den jeweiligen Bedingungen am Heimatstandort abhängig. Zwar können Pflanzen zeitweise auch höhere oder niedrigere Temperaturen tolerieren, auf Dauer wird es aber zu einer Schwächung und einer Anfälligkeit gegenüber Krankheiten und Schädlingen kommen. Die ideale Temperatur schwankt also innerhalb der Arten und Gattungen, ist aber auch abhängig von den Wachstumsfaktoren Licht und Wasser und der Jahreszeit. Alle Wachstumsfaktoren müssen im Einklang miteinander stehen, um das optimale Gedeihen unserer Zimmerpflanzen zu gewährleisten. Im lichtarmen Winter ist es deshalb ratsam, die Raumtemperatur zu drosseln und die Wassergaben zu reduzieren. Steigt die Beleuchtungsstärke wieder an, benötigen die Pflanzen mehr Wasser und mehr Wärme.

Zimmerpflanzen und ihr Lichtbedarf

Kalthauspflanzen: *Sie stammen überwiegend aus wärmeren gemäßigten Zonen und überwintern bei 10–15 °C. Jasmin, Kamelien, Alpenveilchen, Fuchsien und andere zählen dazu.*

Pflanzen für das temperierte Haus: *Der Temperaturbereich für verschiedene Kakteen, Sukkulenten, Euphorbien, Kanonierblume oder Schefflerarten liegen im Winter um die 18 °C.*

Warmhauspflanzen: *Dieffenbachie, Peperomia und Philodendron und viele andere Arten mögen es auch im Winter warm. Der Temperaturbereich kann zwischen 18 und 25 °C liegen.*

Der Duft-Jasmin (Jasminum polyanthum) ist eine Kletterpflanze, die bis zu 3 m hoch werden kann. Bei Bedarf kann er geschnitten werden. «

Was eine Zimmerpflanze braucht

> **Tipp**
>
> *Wer noch keine Erfahrungen mit Zimmerpflanzen gesammelt hat oder unproblematische „Mitbewohner" bevorzugt, sollte sich an temperaturtolerante Pflanzen halten:*
>
> *Egal ob Calla, Aralie, Monstera, Grünlilie oder Russischer Wein – diese Arten gedeihen bei niedrigeren Temperaturen ebenso gut wie bei höheren.*

Dieffenbachien sind als Zimmerpflanzen schon lange beliebt. Die schönen Blattzeichnungen tragen dazu bei. Es gibt viele unterschiedliche Arten und Sorten. >>

Im Sommer ist eine Einteilung der Pflanzen nach den Lichtbedürfnissen sinnvoll, im Winter ist es dagegen vor allem wichtig, den Arten die beste Temperatur zu bieten.

Eine Einteilung in Kalthaus- und Warmhauspflanzen und Pflanzen für das temperierte Haus hat sich bewährt, denn wer sich beispielsweise für eine Kalthauspflanze wie die Kamelie begeistert, muss ihr im Winter einen Raum zur Verfügung stellen, in dem die Temperatur um die 10 °C liegt.

Gibt es kein kühles Zimmer oder einen kühlen Wintergarten, lohnt sich die Anschaffung von Kalthauspflanzen nicht.

Wachstumsfaktoren Erde und Nährstoffe

Das Thema Erde beziehungsweise Substrat, in dem die Pflanzen wachsen und gedeihen, schätzen viele Pflanzenliebhaber als weniger wichtig ein. Mit den richtigen Nährstoffen und einer vernünftigen Wasserversorgung ist es eigentlich egal, welche Erde verwendet wird, ist die gängige Meinung. Und da es bisher nicht geregelt ist, welche Bestandteile Erden auf jeden Fall haben sollten und welche nicht, kann jede Firma Erden und Substrate herstellen. So greifen wir Verbraucher häufig zu dem billigeren Beutel oder Sack, da kann ja nichts schief gehen! Dabei ist dieser Grundstoff für die weitere Entwicklung der Pflanze, für die Blühfreudigkeit und die Haltbarkeit von enormer Bedeutung.

Tipp

Billig muss nicht immer schlecht sein, bei Blumenerden sollten Sie aber schon etwas auf den Preis schauen. Die billigsten Erden sind meistens von schlechterer Qualität und bieten Ihren Pflanzen keine allzu guten Wuchsbedingungen. Für kurzfristige Bepflanzungen bei Dekorationen oder saisonalem Blumenschmuck sind sie dagegen eine gute Wahl.

Die Erde dient den Wurzeln zur Verankerung und sie speichert Wasser und Nährstoffe, die über die Wurzeln aufgenommen werden. Die im Handel angebotene Zimmerpflanzenerde, Universalblumenerde oder Einheitserde kann für die meisten Zimmerpflanzen verwendet werden, doch wie soll man aus dem großen Angebot und bei den erheblichen Preisunterschieden die richtige auswählen? In Deutschland gibt es das „RAL-Gütezeichen Erden". Substrate, die dieses Zeichen tragen, können Sie getrost kaufen, denn die Hersteller garantieren Unkrautfreiheit, einen Nährstoffmindestgehalt und dass keine wuchshemmenden Stoffe enthalten sind. Bei Billigerden ist dies oftmals nicht der Fall, zumal sie keiner Kontrolle unterliegen.

Was eine Zimmerpflanze braucht

Mischungen

Name	Bestandteile	Verhältnis
Universalblumenerde	Gartenerde oder gut ausgereifter Kompost, Sand, Rindenhumus (ersatzweise Torf)	1:1:1
Azaleenerde	mittelfeiner Rindenhumus, grober Sand	2:1
Orchideenerde	Pinienrinde, Sphagnum (Torfmoose), Torf, Perlite	4:2:1:1
Kakteenerde	Gartenerde, grober Sand, Urgesteinsgrus	1:1:1

Spezialerden

Keine Regel ohne Ausnahme – diese Weisheit gilt auch für Erden und Substrate.

Obwohl sich die meisten Pflanzen in der Universalblumenerde wohlfühlen, gibt es doch spezielle Pflanzengruppen, die besondere Bedürfnisse haben. Glücklicherweise bekommt man im Fachhandel mittlerweile Spezialerden, die auf die Bedürfnisse der Pflanzen abgestimmt sind. Es lohnt sich, die Substrate einzusetzen, denn sie bieten beste Wuchsbedingungen.

Spezialerden benötigen vor allem Orchideen, Kakteen, Zitrusgewächse, Palmen, Azaleen und Bonsai.

Weiße Kieselsteine kann man bei größeren Gefäßen als Deko-Elemente verwenden. Im Gegensatz zu der dunklen Erde unterstreicht die weiße Farbe das Grün der Sukkulenten. ‹‹

›› *Achten Sie bei der Auswahl der Erde auf eine gute Qualität. Wachstum und Gedeihen der Pflanzen wird mit nur der richtigen Erde gefördert.* ››

pH-Wert

Der pH-Wert gibt das Verhältnis zwischen sauren und basischen Bestandteilen im Boden an. In Einheitserden liegt er um pH 6 und damit im tolerierbaren Bereich für die Pflanzen. Eine Ausnahme bilden Azaleen, die nur in saurem Bodenmilieu über längere Zeit gut gedeihen. Beim Umtopfen von Azaleen sollten Sie deshalb unbedingt eine Spezialerde verwenden.

Die besten Voraussetzungen für grüne Räume

Selbst gemacht!

Es ist durchaus möglich, die Erde für die Pflanzen selbst zusammenzumischen. Sie benötigen dazu lediglich etwas Platz und einen Raum, wo die einzelnen Bestandteile und die Mischungen deponiert werden können. Günstig es außerdem, wenn ein eigener Garten Erde und ausgereiften Kompost liefert.

So wird gedüngt

In der freien Natur wachsen Pflanzen im Boden, der ihnen die Nährstoffe zur Verfügung stellt, die sie benötigen. Bei Topfpflanzen ist das anders, denn die Erde steht nicht unbegrenzt zur Verfügung und der Nachschub an Nährstoffen ist nicht gegeben.

In allen Pflanzsubstraten ist ein gewisser Nährstoffanteil vorhanden, allerdings haben Untersuchungen ergeben, dass die jeweiligen Anteile sehr schwankend sein können. Hier ist wieder eine Qualitätserde empfehlenswert, die für die ersten Wochen nach dem Umtopfen eine gute Nährstoffversorgung gewährleistet. Zimmerpflanzendünger gibt es sowohl als Universaldünger als auch speziell für Blüh- und Grünpflanzen, Orchideen, Kakteen etc. Als Grundnährstoffe enthalten sie Stickstoff, Kalium und Phosphor, allerdings sind die Mischungsverhältnisse unterschiedlich. So benötigen Grünpflanzen zur Bildung von Blattmasse mehr Stickstoff, während für Blühpflanzen Phosphor wichtig ist, der die Blütenbildung fördert. Es ist sicher sinnvoll, für diese beiden großen Pflanzengruppen unterschiedliche Dünger bereit zu halten. Für empfindlichere Pflanzen wie Orchideen oder Kakteen, die ein geringes Nährstoffbedürfnis haben, kann man dann das Mischungsverhältnis von Wasser zu Dünger erhöhen, um einer Überdüngung vorzubeugen.

Anwendung und Wirkung

Gedüngt wird in der Vegetationszeit. Im Winter, bei einer verringerten Sonneneinstrahlung, wird die Düngung entweder stark reduziert oder ganz eingestellt. Nur Pflanzen,

In Hydrokultur gedeihen viele Pflanzen besonders gut. Zum Düngen gibt es spezielle Produkte. «

Eine Düngung mit Düngestäbchen ist wenig arbeitsaufwendig und schonend für die Pflanzen. Ein Überdüngung ist fast nicht möglich, wenn man sich an die Herstellerangaben hält. »

> ### Düngerformen
> *Dünger werden in ganz verschiedenen Formen angeboten: flüssig, gekörnt, in Stäbchenform oder als Pulver. Die Handhabung ist auf der Packungsbeilage erklärt und sollte unbedingt beachtet werden.*

die im Winter blühen, benötigen Düngergaben. Frisch umgetopfte oder im Fachhandel gekaufte Pflanzen, die gesund und kräftig aussehen, müssen zunächst nicht gedüngt werden. Nach etwa drei Monaten beginnt man mit der regelmäßigen Düngung, und zwar alle zwei bis drei Wochen nach Herstellerangaben. Düngestäbchen und andere Formen von Langzeitdüngern, die ihre Nährstoffe nach und nach abgeben, werden nicht so häufig verabreicht, nachdüngen muss man nach zwei bis drei Monaten.

> **Tipp**
>
> *Zeigt eine Zimmerpflanze deutliche Mangelerscheinungen – Blattaufhellungen, Blattabwurf, Kümmerwuchs, fehlende Blütenbildung, vertrocknende Blätter – schafft ein Blattdünger Abhilfe. Er wird direkt auf die Blätter gesprüht und wirkt sehr schnell.*

Die besten Voraussetzungen für grüne Räume

Hydrokultur und Pflanzgranulat

 Bei Hydrokultur wachsen Pflanzen nicht in einem Substrat, sondern in Wasser. Die Wurzeln werden komplett frei von Erde in Blähtonkügelchen gesetzt, die ihnen Halt geben.

Häufig wird angenommen, dass Hydrokultur gleichzusetzen ist mit Seramis®, es handelt sich aber um zwei ganz unterschiedliche Methoden der Pflanzenkultivierung. Bei Seramis® bleibt der gesamte Wurzelballen mit Erde erhalten. Er wird in das poröse Tongranulat gesetzt und die Pflanze wächst dort weiter. Die meisten Zimmerpflanzen lassen sich auf diese Art kultivieren.

Tipp
Verwenden Sie einen Dünger, der für Hydrokultur oder Seramis® geeignet ist. Die Nährlösungen unterscheiden sich von normalen Düngern.

Vor- und Nachteile der Hydrokultur

Hydrokulturpflanzen müssen seltener gegossen werden, außerdem gibt es weniger Probleme mit Nässe und Trockenheit. Umgetopft wird ebenfalls nicht so oft wie bei einer Kultivierung in Erde und der Befall mit Bodenschädlingen ist gering. Die Anschaffungskosten liegen bei Hydrokulturpflanzen höher und eine Umstellung von älteren Gewächsen auf Hydrokultur ist nur schwer möglich. Am einfachsten ist es, Hydrokulturpflanzen schon in den eigens dafür entwickelten Gefäßen zu kaufen. Die Pflanzen sind von Anfang an in diesem Medium gewachsen, die Wurzeln sind in der Kultur gewachsen und die Pflanze somit perfekt angepasst.

Eine Umstellung auf Hydrokultur ist am besten bei Jungpflanzen möglich, denn die Wurzeln müssen gründlich von der anhaftenden Erde befreit werden. Bei älteren, stark verzweigten Wurzelballen ist das schwierig, außerdem werden bei der Prozedur viele Wurzeln verletzt und die Regenerationsfähigkeit älterer Wurzeln ist begrenzt.

Doch Hydrokultur ist nicht für alle Pflanzen geeignet. Versuchen Sie erst gar nicht, Kakteen und Sukkulenten oder Zwiebel- und Knollenpflanzen (wie zum Beispiel den Ritterstern) umzustellen, da sie eine trockene Ruheperiode benötigen. Sie fühlen sich in der Hydrokultur nur selten wohl und werden früher oder später eingehen.

Für Menschen, die oft unterwegs sind, bietet sich die Kultivierung in Hydrokultur an, denn es muss nur selten gegossen werden. «

Seramis®-Ton-Granulat besteht aus porösen Körnchen mit hoher Wasserspeicherkapazität, die Feuchtigkeit wie einen Schwamm aufsaugen. »

Was eine Zimmerpflanze braucht

Hauswurzarten gehören zu den anspruchslosesten Zimmerpflanzen. Sie sind wieder im Trend und wirken in passenden Gefäßen schlicht und elegant. >> >>

Zwischen den Hydrokultursteinchen können sich die Wurzeln gut ausbreiten. Die Feuchtigkeit kann ganz nach Bedarf aufgenommen werden, ohne dass die Pflanzenwurzeln „nasse Füße" bekommen.

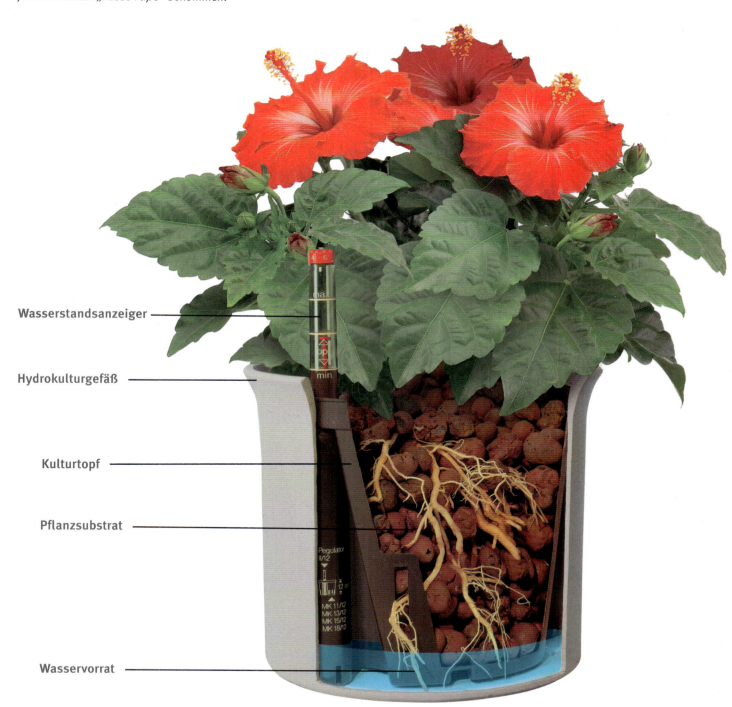

- Wasserstandsanzeiger
- Hydrokulturgefäß
- Kulturtopf
- Pflanzsubstrat
- Wasservorrat

Die besten Voraussetzungen für grüne Räume

Wachstumsfaktor Wasser

Wasser ist lebensnotwendig für alle Lebewesen. Für Pflanzen gilt das im Besonderen, denn sie nehmen über das Wasser Nährstoffe auf, die in gelöster Form in den Leitungsbahnen transportiert werden. Bezüglich der Menge sind die Ansprüche der Pflanzen allerdings recht unterschiedlich. Denken wir nur an die Kakteen, die bei zu viel Feuchtigkeit kümmern, während Zyperngras nicht genug davon bekommen kann. In den Pflanzenporträts finden Sie zu jeder vorgestellten Pflanze den jeweiligen Wasserbedarf. Bei den meisten unserer Zimmerpflanzen gilt jedoch die Regel: Besser zu wenig als zu viel! Die Kunst beim Gießen ist es also, das richtige Maß zu finden.

Tipp

Gießen Sie in der Vegetationszeit immer einmal pro Woche an einem bestimmten Tag und alle zwei Wochen im Winter. Die Fingerprobe hilft zu erkennen, ob gegossen werden muss oder nicht. Versäumen Sie es nicht, die Feuchtigkeit zu überprüfen, denn Trockenheit stecken die meisten Zimmerpflanzen viel besser weg als Nässe über einen längeren Zeitraum.

Bewährt haben sich Wasserstandsanzeiger, die über den Gehalt an Wasser in der Erde genaue Auskunft geben. So wird zu häufiges Gießen unterbunden. »

Kakteen benötigen nur sehr selten Wasser. Ein Zuviel lässt schon bald die Wurzeln faulen. «

Was eine Zimmerpflanze braucht

Die wichtigsten Gießregeln
- Gießen Sie mit etwas abgestandenem zimmerwarmen Wasser.
- Gießen Sie so, dass die Blätter nicht benetzt werden.
- In der Vegetationsperiode, bei heißem Wetter, bei Lufttrockenheit sollte häufiger gegossen werden.
- Pflanzen in Tontöpfen benötigen mehr Wasser als Pflanzen in Kunststofftöpfen.
- Bei sehr kalkhaltigem Wasser sollte das Gießwasser zuvor abgekocht werden, damit der Kalk ausfällt.

Bewässerungssysteme
Im Handel finden sich eine Vielzahl verschiedener Bewässerungssysteme für Zimmerpflanzen. Sie führen den Pflanzen regelmäßig Wasser zu, das spart Zeit, und mithilfe von Sensoren sind gute Geräte sogar in der Lage, die Feuchtigkeit des Substrates zu prüfen und nach Bedarf zu bewässern. Gebraucht werden solche Bewässerungssysteme vor allem dann, wenn man unregelmäßig und über längere Zeiträume nicht zu Hause ist und nicht immer den Nachbarn bitten möchte, die Pflanzen zu betreuen.

Die besten Voraussetzungen für grüne Räume

Wachstumsfaktor Luftfeuchtigkeit

Nicht zu unterschätzen ist der Wachstumsfaktor Luftfeuchtigkeit. In den meisten Wohnungen und Zimmern ist die Luftfeuchtigkeit viel zu niedrig. Gerade im Winter leiden die Pflanzen bei der trockenen Heizungsluft unter einem verstärkten Schädlingsbefall, die Blätter bekommen braune Spitzen oder verfärben sich sogar ganz. Es gibt eine Reihe von Pflanzen, die besonders auf eine höhere Luftfeuchtigkeit angewiesen sind, hierzu zählen viele Orchideen, Medinilla und Mimosen. Kakteen dagegen sind in trockenen Regionen beheimatet und kommen deshalb mit trockener Zimmerluft gut zurecht. Die meisten Pflanzen sind nicht ganz so anspruchsvoll, gedeihen aber doch viel besser, wenn die Luft nicht zu trocken ist.

Tipp

Ins Gerede gekommen sind spezielle Wasserverdunster. Hier müssen Sie sich vor einem Kauf erst gut informieren, möglicherweise auch bei unabhängigen Instituten, denn viele dieser Geräte erhöhen zwar die Luftfeuchtigkeit, verteilen aber auch viele schädliche Mikroorganismen im Raum.

Was eine Zimmerpflanze braucht

Luftfeuchtigkeit erhöhen

Am einfachsten ist es, Verdunstungsschalen im Zimmer aufzustellen, zum Beispiel über Heizkörpern. Pflanzen, die eine hohe Luftfeuchtigkeit bevorzugen, kann man in Schalen stellen, die mit einem Gitterrost versehen sind. In die Schale selbst wird Wasser gegossen, die Blumentöpfe stehen aber auf dem Rost, sodass sie nicht ständig mit dem Wasser in Berührung kommen und die Wurzeln im Nassen stehen. Vor allem bei Pflanzen, die aus Regionen mit wechselnder Luftfeuchtigkeit stammen, wie beispielsweise das Fensterblatt aus dem tropischen Regenwald, lohnt sich die Anschaffung einer Sprühflasche. Alle paar Tage werden die Blätter mit zimmerwarmen, abgestandenem Wasser eingesprüht.

Die tropische Medinille-Art Medinilla magnifica ist eine der schönsten Zimmerpflanzen, die es gibt. Allerdings ist die Kultivierung nicht ganz einfach. Lichtmangel und zu feuchte Erde lassen sie schnell absterben. <<

Orchideen wie Phalaenopsis sind mit wenig Wasser zufrieden. Sie nehmen auch über ihre Luftwurzeln Feuchtigkeit auf. >>

Die besten Voraussetzungen für grüne Räume

Bessere Luft mit Prima-Klima-Pflanzen

Pflanzen sind dekorativ, bringen Farbe in Wohnräume und machen gute Laune – aber sie können noch mehr: Zimmerpflanzen erhöhen die Luftfeuchtigkeit und verringern die Feinstaub- und Schadstoffbelastung. Viele Gründe, um sich mit zahlreichen Zimmerpflanzen zu umgeben. Doch welche sind die besten?

Wir halten uns über einen Großteil unseres Lebens in Räumen auf und eigentlich scheint alles in Ordnung: Die Luft ist sauber, die Möbel sind aus Holz oder einem anderen ungefährlichen Material. Wer denkt da schon an Schadstoffe oder zu trockene Luft? Erst wenn sich ständig Erkältungskrankheiten und trockene gereizte Augen einstellen, forschen wir nach der Ursache. Neben trockener Luft, die sich vor allem im Winter kaum vermeiden lässt, sind es auch Schadstoffausdünstungen, die uns zu schaffen machen. Sie sind nicht sichtbar und nur selten kann man sie riechen, sodass Schadstoffe eine schleichende Belastung darstellen.

Der Gummibaum Ficus elastica baut Formaldehyd ab. Es bedarf allerdings mehrerer Pflanzen, um eine Wirkung zu erzielen. <<

Flammende Käthchen sehen nicht nur schön aus, sie tragen auch zur Verbesserung des Raumklimas bei. >>

Die besten Voraussetzungen für grüne Räume

Was uns schadet

Es wird wohl kaum ein Haus geben, dass völlig schadstofffrei ist. Viele Baustoffe und Möbel dünsten Schadstoffe aus, Lacke, Reinigungsmittel, ja selbst Teppiche können belastet sein und unter Umständen krank machen, ohne dass wir es anfänglich merken. Schwierig wird die Situation, wenn in Niedrigenergiehäusern zum Beispiel bedenkliche Baustoffe verwendet wurden, denn durch die hohe Dichtigkeit des Hauses findet kaum ein Luftaustausch statt. Die Konzentration an Schadstoffen ist deshalb häufig höher als beispielsweise in Altbauwohnungen. Neben häufigen Allergien sind Atemwegserkrankungen, gereizte, trockene, rote Augen, Kopfschmerzen und Müdigkeit Folgen eines erhöhten Schadstoffauftretens. Unangenehm ist außerdem die Feinstaubbelastung und im Winter eine höhere Lufttrockenheit, die durch warme Heizungsluft entsteht.

Was uns hilft

Wer neue Möbel kauft, greift am besten zu unbehandeltem Holz, Reinigungsmittel können durchaus auf natürlicher Basis hergestellt sein, Farben und Lacke zum Streichen gibt es ebenfalls in Ökoqualität. Auf diese Weise verbessern wir nicht nur das Raumklima, sondern tragen auch noch etwas zum Umweltschutz bei. Wichtig ist außerdem das richtige und häufige Lüften der Räume. Um jedoch die momentane Situation in unseren Wohnräumen zu verbessern, sind Zimmerpflanzen ideal geeignet. Sie produzieren nicht nur Sauerstoff, sondern lagern an der Pflanzenoberfläche Schadstoffe ab, die aufgenommen und in den Stoffwechsel eingebaut werden. Eigentlich sind alle Pflanzen dazu in der Lage. Man hat jedoch festgestellt, dass einige Arten hier besonders gute Dienste leisten, wie beispielsweise Efeu, Grünlilie und Efeutute.

Diese Kalanchoe ist mit dem Flammenden Käthchen verwandt. Die silbergrau behaarten Blätter sind sehr dekorativ und filtern außerdem die Raumluft. >>

Diese Drachenbaum-Art (Dracaena surculosa) steht gern hell. Sie ist nicht nur sehr attraktiv, sondern verfügt auch über Luft reinigende Eigenschaften. <<

Luftfeuchtigkeit erhöhen

Zum Wohlbefinden in Wohnräumen trägt auch eine optimale Luftfeuchtigkeit bei. Interessanterweise lässt sich mit der Erhöhung der Luftfeuchtigkeit sogar Energie sparen.
Die optimale Luftfeuchte liegt zwischen 40 und 60 Prozent. Liegt sie höher, kann es zur Schimmelbildung kommen, liegt sie darunter, werden Nasen- und Mundschleimhäute gereizt, die Augen rot und trocken

Die wichtigsten Schadstoffe

Aldehyde *kommen u. a. in Tabak, Lacken, Leimen, Kleber, Desinfektionsmitteln und Haushaltsreinigern vor.*

Benzol *findet man u. a. in Kunststoffen, Teppichböden, Lacken, Klebstoffen und Farben.*

Trichloräthylen *ist u. a. Bestandteil von Lösungsmitteln, Fleckentfernern, Farben, Lacken.*

Die besten Voraussetzungen für grüne Räume

Pflanzen, die Schadstoffe abbauen	
Schadstoff	**Günstige Pflanzen**
Formaldehyd	Schwertfarn, Bergpalme, Gummibaum, Efeu, Einblatt
Benzol	Bergpalme, Einblatt, Birkenfeige, Philodendron, Grünlilie
Trichloräthylen	Bogenhanf, Efeu, Einblatt

Um eine Luftraumverbesserung herbeizuführen, werden mehrere große Pflanzen benötigt. Ein Exemplar allein kann meist wenig ausrichten. «

Tipp

Damit die Pflanzen tatsächlich auch Schadstoffe abbauen, die Luft befeuchten und Feinstaub binden können müssen sie gesund und kräftig sein. Der richtige Standort und bedarfsgerechtes Gießen und Düngen sind wichtige Voraussetzungen dafür.

Bessere Luft mit Prima-Klima-Pflanzen

> **Tipp**
>
> *Vor allem Pflanzen mit behaarten Blättern oder Dickblattgewächse binden größere Mengen an Feinstaub. Das Flammende Käthchen oder der Mottenkönig tragen auf diese Weise zur Verbesserung des Raumklimas bei.*

Zypergras erhöht nachweislich die Luftfeuchtigkeit. Die Pflanze benötigt extrem viel Wasser, das aber wieder an die Raumluft abgegeben wird. Zypergras verdunstet bis zu 97 Prozent des eigenen Gießwassers. >>

Pflanzen-Filtersysteme

und man fühlt sich nicht wohl. Außerdem wird die Temperatur unterschiedlich empfunden. Bei einer Luftfeuchte von 40 Prozent wird eine Temperatur um 20 °C als angenehm empfunden, dagegen frieren wir bei derselben Temperatur, wenn die Luftfeuchte niedriger ist. Resultat: Die Heizung wird höher gedreht.
Vor allem Zyperngras, Banane und Zimmerlinde sind sehr gute Raumluftbefeuchter. Über unzählige Spaltöffnungen in den Blättern, sogenannte Stomata, geben sie Feuchtigkeit an die Luft ab.

Dass Blätter für eine bessere Raumluft sorgen, ist schon seit längerem bekannt. Um wirklich effektiv Schadstoffe abbauen zu können, benötigt man allerdings sehr viele Pflanzen. Effektiver ist die Entgiftung im Wurzelbereich, denn auf Formaldehyd, Nikotin und Benzol spezialisierte Mikroorganismen bauen die Schadstoffe ab. Hierzu wurden spezielle Pflanzen-Filtersysteme entwickelt, bei denen die Pflanzenwurzeln nicht von Erde umgeben sind, sondern von einem Gemisch aus Blähton und Aktivkohle.

Die besten Voraussetzungen für grüne Räume

Krankheiten & Schädlinge

Auch Pflanzen können krank werden, wobei die Ursachen oft vielfältiger Natur sind. Damit die richtige Diagnose gestellt und auch Abhilfe geschaffen werden kann, sollten Sie die wichtigsten und häufigsten Schädlinge und Krankheiten kennen. Vorbeugung ist allerdings auch bei Pflanzen immer noch die beste Medizin!

Es ist gar nicht so einfach festzustellen, woran eine Pflanze leidet. Sind es Schädlinge – aber man sieht ja keine! –, eine Krankheit, gar eine Mangelerscheinung oder handelt es sich um einen Pflegefehler? Mitunter kann der Laie tatsächlich nicht wissen, woran die Pflanze erkrankt ist. Allerdings ist es nicht immer ganz ungefährlich, erst mal abzuwarten. Manche Krankheiten und vor allem Schädlinge befallen schnell auch die anderen Pflanzen im Raum, sodass Sie im schlimmsten Fall alle ihre Zimmerpflanzen verlieren.

Doch so weit soll es nicht kommen. Deshalb ist der erste Schritt: Prüfen Sie vor dem Kauf einer Pflanze, ob sie auch wirklich gesund ist. Blätter, Triebe und auch die Erde müssen eingehend unter die Lupe genommen werden.
Das gilt auch für geschenkte Pflanzen. Natürlich sollen Sie die Mitbringsel nicht zurückgeben, aber stellen Sie die kranken Pflanzen erst einmal unter Quarantäne in einen separaten Raum. Stellen Sie sie erst dann zu den anderen, wenn die Pflanze keine Krankheitssymptome mehr aufweist.

Kakteen zählen zu den robusten Pflanzen. Sie werden nur von wenigen Schädlingen und Krankheiten befallen. <<

Echte Mehltaupilze befallen verschiedene Zimmerpflanzen. Kühlere Temperaturen und die Reduzierung der Wassergaben können schnell einen Rückgang bewirken. >>

Auch wenn die Pflanzen auf den ersten Blick gesund aussehen, sollten sie regelmäßig auf Krankheiten und Schädlinge kontrolliert werden.

Vertrauen ist gut, Kontrolle besser

Die Beobachtung der Pflanzen beschränkt sich nicht nur auf den Kauf. Es lohnt sich, in regelmäßigen Abständen eine Kontrolle durchzuführen, zum Beispiel einmal im Monat.

Vor allem im Winterhalbjahr sollten Zimmerpflanzen regelmäßig kontrolliert werden. Sie sind in dieser lichtarmen Zeit auch durch die trockene Raumluft höherem Stress ausgesetzt und dadurch viel anfälliger gegenüber Krankheiten und Schädlingen.

Schauen Sie sich Blätter, Stängel und die Erde genau an. Drehen Sie die Blätter außerdem auch vorsichtig um, denn manche Krankheiten, wie der Falsche Mehltau, treten nur auf der Blattunterseite auf. Bereits bei Befallsbeginn erkannte Schäden können meistens problemlos behoben werden, indem man die Pflanzen mit kaltem Wasser ab-

Vertrocknete oder kranke Pflanzenteile sollten entfernt werden. »

Tipp

Verwenden Sie zur Beobachtung der Pflanzen eine Lupe. Kleine Tiere wie Thripse oder weiße Fliegen können auf diese Weise schon bei Befallsbeginn entdeckt werden.

Krankheiten & Schädlinge

duscht oder ganz vorsichtig abreibt. Außerdem können befallene Blätter oder Blüten abgeschnitten und entsorgt werden. Ist eine Pflanze schon länger krank und zeigt einen starken Befall, müssen meist erheblich mehr Anstrengungen unternommen werden, um eine Heilung zu ermöglichen.

„Erste Hilfe" für kranke Pflanzen

Ist der Befall erst einmal sichtbar, neigt man dazu, die Pflanze wegzuwerfen, aber das muss nicht sein. Es gibt eine Reihe von einfachen Maßnahmen, die schnell zum Erfolg führen und Abhilfe schaffen. Geben Sie also nicht zu früh auf!

Standort: Zunächst sollte man überlegen, ob der falsche Standort die Ursache für die Krankheit oder einen Befall ist. Thripse und Spinnmilben vermehren sich beispielsweise rasant bei trockener Luft. Besonders im Winter kann es zu erheblichen Schäden kommen, zumal die Schädlinge erst spät erkennbar sind. Verbunden mit geeigneten anderen Maßnahmen, kann die Erhöhung der Luftfeuchte eine gute Wirkung zeigen.

Pflege: Gießen und Düngen sind Pflegemaßnahmen, die manchmal zu genau genommen werden und dann zu Schäden führen können. Bei erhöhter Feuchtigkeit hat zum Beispiel der Grauschimmelpilz leichtes Spiel. Am besten wird nur morgens gegossen, damit die Erde bis zum Abend abtrocknen kann.

Chemie? Nein, danke!

Gerade im Wohnbereich möchten wir keine chemischen Pflanzenschutzmittel einsetzen. Ausdünstungen und Schadstoffbelastungen gibt es schon mehr als genug, sodass die meisten Menschen auf eine biologische Bekämp-

Die besten Voraussetzungen für grüne Räume

Herstellung biologischer Spritzmittel

Schmierseifenlösung gegen Blattläuse: Verwendet wird reine Kaliseife, keine Haushaltsschmierseife mit Zusatzstoffen und Duft. 20–30 g Schmierseife werden in 1 l heißem Wasser gelöst. Nach dem Abkühlen gibt man die Flüssigkeit in eine Sprühflasche und benetzt die befallenen Pflanzenteile damit. Die Lösung überzieht Blätter, Blüten und Triebe und verklebt die Atemorgane der Schädlinge.

Schmierseife-Spiritus-Lösung gegen Schild-, Woll- und Blutläuse: Dieses Mittel ist durch den Spiritus sehr aggressiv und sollte nicht bei empfindlichen Gewächsen angewendet werden. Bei robusten hartlaubigen Pflanzen wirkt sie aber gut. Man verdünnt 10 ml Spiritus mit 1 l der Schmierseifenlösung.

Wasser-Milch-Lösung gegen Mehltau: Das Mischungsverhältnis von Wasser:Milch beträgt 1:10. Die Flüssigkeit hat zwar keine Auswirkungen auf schon befallene Blätter, sie stoppt aber eine Ausbreitung der Krankheit.

Der Australische Marienkäfer kann einem Befall mit Woll- und Schmierläusen Einhalt gebieten. Während der Entwicklung bis zum ausgewachsenen Tier vertilgen die Larven mindestens 250 Läuse.

Schlupfwespen werden erfolgreich gegen Larven der Weißen Fliegen eingesetzt. Die Weibchen legen je ein Ei in die älteren Larven des Schädlings. >>

fung von Krankheiten und Schädlingen setzen und wenn es gar nicht anders geht, die Pflanze auch entsorgen. Tatsächlich sind es manchmal ganz einfache Mittel, die leicht und schnell Abhilfe schaffen können. Neben dem Abbrausen mit kaltem Wasser und kräftigem Strahl sollen Schmierseifen- und auch Spirituslösungen zum Beispiel gegen Blattläuse wirksam sein. Am besten probieren Sie es aus.

Mit Nützlingen gegen Schädlinge
Immer öfter werden auch im Wohnbereich Nützlinge eingesetzt, die Schädlingen an den Kragen gehen. Möglicherweise kostet es den einen oder die andere etwas Überwindung, sich Insekten oder Nematoden ins Haus zu holen, die dann vielleicht überhand nehmen und selbst zur Plage werden. Aber keine Angst, das ist nicht der Fall. Sind alle Schädlinge vernichtet, sterben die Nützlinge auch, es sei denn, es stellt sich zwischen Schädlingen und Nützlingen ein Gleichgewicht ein. Dann würden die Nützlinge die Schädlinge in Schach halten, ohne sie ganz zu vernichten.

Man kann die Nützlinge bequem bei den jeweiligen Herstellern bestellen. Werden sie nach Packungsangabe ausgesetzt, lässt ein Bekämpfungserfolg in der Regel nicht lange auf sich warten. Und dass diese Möglichkeit der Bekämpfung die natürlichste der Welt ist, sei nur am Rande erwähnt.

Einziger Nachteil: Biologische Schädlingsbekämpfung mit Nützlingen zeigt erst nach etwa zwei bis drei Wochen Erfolge, denn die Nützlinge benötigen eine gewisse Eingewöhnungsphase. Außerdem ist ihre Leistungsfähigkeit von den gegebenen Umweltbedingungen, also Temperatur und Luftfeuchte, abhängig.

Werden die Tiere per Post geliefert, dürfen sie nur kurz gelagert werden, am besten bringt man sie am selben oder nächsten Tag vorschriftsmäßig aus. Berühren Sie die Tiere nicht und öffnen Sie die Behälter immer erst direkt an der Pflanze.

Oft werden Eier oder Larven geliefert, es befinden sich aber meistens auch bereits geschlüpfte Tiere darunter, die erst in unmittelbarer Nähe zu den Schädlingen freigelassen werden sollten.

Nützlinge, Einsatzbereiche und Anwendung

Nützling	Einsatzbereich	Anwendung
Raubmilben	verschiedene Gattungen gegen Spinnmilben, Thripse	Geliefert werden die Tiere je nach Art unterschiedlich und auch die Anwendung und die optimalen Bedingungen variieren. Wie alle anderen Nützlinge bringt man sie in unmittelbare Nähe der Schädlinge. Beim Einsatz gegen Spinnmilben ist eine hohe Luftfeuchtigkeit (70 bis 90 Prozent) wichtig, bei der die Raubmilben sich gut vermehren. Ein Weibchen frisst täglich fünf bis sieben Spinnmilben oder 20 Eier.
Schlupfwespen	verschiedene Gattungen gegen Blattläuse, Schmier- und Wollläuse, Weiße Fliegen, Mottenschildläuse	Geliefert werden Eier und schon geschlüpfte Tiere in Röhrchen, die in die Pflanze gehängt oder auf die Erde gestellt werden. Die Röhrchen müssen etwa zehn Tage hängen bleiben, damit alle Tiere schlüpfen können. Beste Erfolge gibt es bei 20 bis 25 °C und 60 Prozent Luftfeuchte.
Florfliegen	Larven gegen Blattläuse, Thripse, Spinnmilben, Schmier- und Wollläuse	Geliefert werden die Larven in Pappwaben. Man klopft die Larven am besten einzeln auf ein Stück Küchenpapier, das dann in die Pflanze gelegt wird. Die beste Temperatur liegt zwischen 22 und 25 °C.
Räuberische Gallmücken	gegen Blattläuse	Geliefert werden die Puppen meistens in Plastikschalen, deren Inhalt man an eine schattige, feuchte, aber nicht nasse Stelle auf den Boden entleert. Beste Erfolge werden zwischen März und Oktober erzielt bei 20 bis 24 °C und einer Luftfeuchte von 70 Prozent.
Raubwanzen	gegen Weiße Fliegen	Geliefert werden die Nützlinge in einem geschlossenen Behälter. Meistens befinden sie sich auf einem Blatt, das vorsichtig zerschnitten wird. Die Blatteile bringt man in unmittelbare Nähe der Schädlinge. Ein guter Bekämpfungserfolg tritt bei Temperaturen über 22 °C und 65 Prozent Luftfeuchte ein. Raubwanzen können auch kombiniert mit Schlupfwespen eingesetzt werden.
Australischer Marienkäfer	gegen Schmier- und Wollläuse	Geliefert werden die Tiere in Pappbehältern. Bei der Ausbringung an der befallenen Pflanze sollte es dämmrig sein, damit die Tiere nicht wegfliegen. Halten Sie Türen und Fenster geschlossen und besprühen Sie anfangs die Pflanzen mit Wasser, um den Marienkäfern Flüssigkeit zu bieten.
Nematoden (Fadenwürmer)	verschiedene Gattungen gegen Dickmaulrüssler und Trauermücken; die Gattung *Heterorhabditis* spec. ist für Zimmerpflanzen gut geeignet	Geliefert werden die Fadenwürmer meistens in einem pulverförmigen Substrat, das in Wasser aufgelöst wird. Die Flüssigkeit gießt man auf die Erde der befallenen Pflanze. Beste Erfolge werden bei Ausbringung von März bis Juni und August bis Oktober erzielt. Am besten gießt man in der Dämmerung oder an bedeckten Tagen, denn die winzig kleinen Tiere sind lichtempfindlich. Es sollte 15 bis 22 °C warm und der Boden leicht feucht sein.

Florfliegen zählen zu den bekanntesten Nützlingen überhaupt. Die Larven der zarten Insekten vertilgen Unmengen an Läusen. >>

Konventionelle Pflanzenschutzmittel

Nur ungern greift man im Haus zu Pflanzenschutzmitteln, und sie sollen auch nur die letzte Möglichkeit sein, bevor die Pflanze weggeworfen werden muss. Allerdings unterliegen Pflanzenschutzmittel für den Wohnbereich ebenso wie für den Hobbygarten strengen Auflagen und Zulassungsbedingungen, sodass eine Anwendung unbedenklich ist. Mittlerweile sind es auch natürliche oder naturidentische Wirkstoffe, die eingesetzt werden, zum Beispiel Rapsöl, Kaliseife oder Pyrethrum. Beachten Sie aber unbedingt die Hinweise des Herstellers. Bei einem starken Befall mit Schädlingen oder Krankheiten ist eine Behandlung mit konventionellen Mitteln meist unumgänglich. Bei der Wirkweise unterscheidet man zwischen systemischen und Mitteln und Mitteln mit Kontaktwirkung:

- **Systemische Wirkung:** Diese Pflanzenschutzmittel sind als Granulat, Spray oder Flüssigkeit erhältlich. Der Wirkstoff wird von den Pflanzen aufgenommen und gelangt über die Saug- oder Fraßtätigkeit in die Schädlinge, die danach absterben.
- **Wirkung von Kontaktmitteln:** Hierbei gelangt der Wirkstoff durch direkten Kontakt an die Schädlinge oder Krankheiten.

> **Vorsicht!**
>
> *Sie sollten Pflanzenschutzmittel im Freien ausbringen. Tragen Sie Einmal-Handschuhe beim Besprühen der Pflanzen.*

Im Kampf gegen Trauermücken lohnt sich der Einsatz von Raubmilben. Bei Temperaturen über 12 °C werden die Tiere aktiv. <<

Die besten Voraussetzungen für grüne Räume

Die wichtigsten Schädlinge

Blattläuse
Jedem Gärtner sind diese lästigen Schädlinge bekannt, die natürlich auch an Zimmerpflanzen auftreten können. Es handelt sich um etwa 4 mm große Tiere, die teilweise geflügelt und entweder grün oder auch schwarz gefärbt sind.

Symptome: Durch die Saugtätigkeit der Läuse kommt es zu Deformationen, vornehmlich an den Blättern, aber auch an anderen Pflanzenteilen. Sichtbar wird der Befall auch durch Rußtaupilze, die sich auf dem Honigtau, den Ausscheidungen der Blattläuse, ansiedeln.

Gegenmaßnahmen: Bei leichtem Befall kann mehrmaliges Abduschen der Blätter oder das Ausbringen einer Schmierseifenlösung hilfreich sein. Florfliegen, Schlupfwespen und Räuberische Gallmücken können eingesetzt werden.

Ausgewachsene Blattläuse und ihre Larven saugen an den Leitungsbahnen. Vermindertes Wachstum, Triebstauchungen und schließlich das Absterben der Pflanze sind die Folgen.<<

Es gibt sehr viele Blattlausarten, die sich meistens auf bestimmte Pflanzen spezialisiert haben.

Krankheiten & Schädlinge

Woll- und Schmierläuse sind mit Nützlingen wie Marienkäfer, Florfliege und Schlupfwespe zu bekämpfen. Es ist außerdem ratsam, die Erde auszutauschen und die Wurzeln abzuspülen. >>

Schildläuse sind in der Regel nicht einfach zu bekämpfen. Am besten wischt man sie vorsichtig von der Blattoberfläche ab. <<

Schildläuse

Wie auch bei den Blattläusen gibt es unzählige Arten von Schildläusen. An Zimmerpflanzen treten vor allem Deckel- und Napfschildläuse sowie Woll- und Schmierläuse auf. Meist werden erst die erwachsenen, festsitzenden Tiere entdeckt, denn die Vorstufen sind sehr klein und kaum sichtbar.

Symptome: Ein Befall äußerst sich vor allem im Kümmerwuchs der Pflanze, da die Schildläuse die Pflanzen anstechen und den Pflanzensaft aussaugen. Auf den Ausscheidungen siedeln sich Schwärzepilze an.

Gegenmaßnahmen: Zunächst werden die Schilde vorsichtig abgekratzt. Ein hellerer und kühlerer Standort trägt ebenfalls zur Gesundung der Pflanze bei. Behandeln Sie robuste Pflanzen mit einer Schmierseife-Spiritus-Lösung, auch Blattglanzspray soll gute Bekämpfungserfolge zeigen. Bei der Bekämpfung mit Nützlingen eignen sich Schlupfwespen.

Spinnmilben (Rote Spinnen)

Vor allem im Winter bei trockener Heizungsluft sind diese Schädlinge auf dem Vormarsch.

Symptome: Durch die Saugtätigkeit an der Blattunterseite werden die Blätter oberseits grau und pergamentartig trocken. Teilweise färben sie sich auch gelblich und fallen ab. Die Gemeine Spinnmilbe ist außerdem an den feinen Gespinsten zu erkennen.

Gegenmaßnahmen: Man erhöht die Luftfeuchtigkeit, indem man über die gewässerte Pflanze eine Plastikhaube stülpt. Nach einigen Tagen sind die Tiere abgestorben. Schlupfwespen und Raubmilben können ebenso zum Einsatz kommen wie Schmierseifenlösungen.

An den spinnwebenartigen Gespinsten, die sie um die Blätter hüllen, sind Gemeine Spinnmilben gut zu erkennen. >>

Auch vor Orchideen machen Spinnmilben nicht Halt. Trockene und warme Luft, die in vielen Räumen vorherrscht, mögen sie besonders gern. <<

Krankheiten & Schädlinge

Weiße Fliege, Mottenschildlaus

Die Weißen Fliegen sind besonders leicht zu erkennen, denn bei Berührung der Pflanzen fliegen sie sofort nach oben oder zur Seite. Sitzt der Schädling, bildet er ein weißes Dach.

Symptome: Die Blattoberflächen zeigen gelbe Punkte und fallen später ab. Auf den Ausscheidungen der Mottenschildläuse siedeln sich Schwärzepilze an.

Gegenmaßnahmen: Niedrigere Temperaturen und Trockenheit vertragen die Tiere nicht. Auch das Aufhängen von gelben Leimtafeln hat sich bewährt. Außerdem können Schlupfwespen zum Einsatz kommen.

Weiße Fliegen und auch ihre Larven halten sich meist auf der Blattunterseite auf.

Berührt man ein Blatt einer mit Weißen Fliegen befallenen Pflanze, fliegt ein kleiner Schwarm auf.

Die besten Voraussetzungen für grüne Räume

Zu Recht werden Blasenfüße auch als Fransenflügler bezeichnet. Sie können erhebliche Schäden anrichten. Kleine dunkle Kottröpfchen sind auffällige Kennzeichen bei Befall. <<

Larven von Blasenfüßen entwickeln sich innerhalb von zwei bis vier Wochen zu einem ausgewachsenen Insekt.

Thripse, Blasenfüße
Im Gegensatz zu anderen Schädlingen treten Thripse meistens nicht in Massen auf. Allerdings sind sie deshalb auch noch schwerer zu erkennen.

Symptome: Erschwert wird die richtige Diagnose unter anderem auch dadurch, dass es symptomatisch kaum einen Unterschied gibt zu einem Spinnmilbenbefall. ie Blätter verfärben sich silbrig oder mattgelb und es gibt zahlreiche Einstiche auf den Blättern. Äußerlich haben die beiden Gruppen aber nichts gemein, denn Thripse sind geflügelte Insekten, gelblich gefärbt mit einem schwarzen Streifen.

Gegenmaßnahmen: Die Erhöhung der Luftfeuchtigkeit und ein Abbrausen der Blätter kann einen Befall abschwächen, ansonsten können Florfliegen und Raubmilben als Nützlinge zum Einsatz kommen.

Die wichtigsten Krankheiten

Echter Mehltau
Vor allem aus dem Garten kennen wir diese Erkrankung, die aber auch an Zimmerpflanzen auftritt.

Symptome: Auf Ober- und Unterseiten befallener Blätter entsteht ein weißlicher bis brauner Belag. Welkeerscheinungen bis zum Blattfall sind die Folge.

Gegenmaßnahmen: Am besten entfernt man kranke Pflanzenteile großräumig. Im Notfall, das heißt bei starkem Befall, der einen Großteil der Pflanze gefährdet, muss ein Fungizid eingesetzt werden.

Typisch für den Echten Mehltau ist der mehlige Belag auf den Blättern.

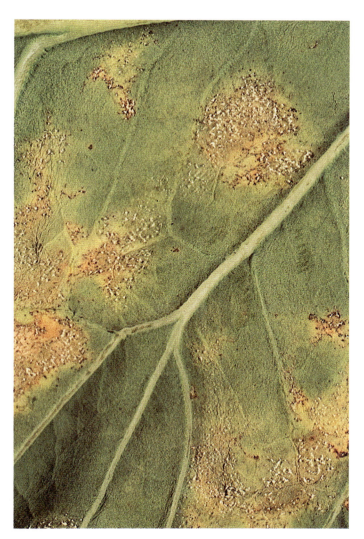

Weiche Triebe und noch nicht ausgereiftes Blattgewebe werden vorzugsweise vom Falschen Mehltau befallen. «

Falscher Mehltau
Im Unterschied zum Echten Mehltau tritt der Befall nur an den Blattunterseiten auf.

Symptome: Der Pilz verursacht ebenfalls krankhafte Blattveränderungen bis hin zum Blattfall. Es entsteht blattunterseits ein weißer bis bräunlicher Belag.

Gegenmaßnahmen: Reduzieren Sie die Wassergaben und entfernen Sie alle kranken Pflanzenteile. Notfalls kann ein Fungizid eingesetzt werden.

Grauschimmel überzieht im Endstadium die befallenen Pflanzenteile mit einem dichten schimmeligen Belag. «

Die Brennfleckenkrankheit tritt häufiger auch bei Orchideen auf. »

Grauschimmel

Der Pilz zählt zu den Schwächeparasiten, die oftmals im Garten auch Früchte befallen und Ernten vernichten können.

Symptome: An Zimmerpflanzen bildet sich auf Blättern, Stielen und Blüten ein grauer Pilzrasen. Die Blätter schrumpeln von der Spitze her ein und fallen in Folge ab.

Gegenmaßnahmen: Neben der Verringerung der Luftfeuchte kann ein hellerer Standort Abhilfe schaffen. Alle befallenen Pflanzenteile müssen entfernt werden.

Blattfleckenpilze

Ganz unterschiedliche Pilzgattungen verursachen Blattflecken, gemeinsam ist ihnen, dass sie vornehmlich geschwächte Pflanzen befallen.

Symptome: Die Flecken können gelblich rot, braun oder schwarz sein, teilweise bildet sich ein schwarzer Rand.

Gegenmaßnahmen: Zunächst sollte man die schlechten Bedingungen, die zu dem Befall mit Blattfleckenpilzen geführt haben, beheben, außerdem die befallenen Blattteile entfernen.

Krankheiten & Schädlinge

Rostpilze

Die Pilze verschiedener Gattungen sind teilweise auf wenige Pflanzen spezialisiert, können aber auch unspezifisch verschiedene Pflanzen befallen.

Symptome: Auf den Blättern entstehen rötliche bis braune Flecken, die mit schwarzen Punkten bedeckt sind. Bei starkem Befall werden die Blätter abgeworfen und die Triebe verkrümmen sich.

Gegenmaßnahmen: Alle befallenen Pflanzenteile müssen entfernt werden. Manchmal hilft es, wenn die Blätter mit Wasser besprüht werden. Ein Fungizid sollte nur im Notfall eingesetzt werden.

Von Rostpilzen befallene Blätter werden schnell welk und sterben ab. Als Schwächeparasiten gesellen sich dann meist noch Schimmelpilze dazu. >>

Typisch für den Pelargonienrost sind blattunterseits braune Pusteln, umrandet von einem helleren Hof. <<

Eingetopft – Gestalten mit Stil

Zimmerpflanzen stehen normalerweise in Töpfen. Kunststoff oder Terrakotta – da gibt es keine großen Wahlmöglichkeiten, denken Sie? Im Gegenteil: Es gibt die unterschiedlichsten Materialien Formen und Farben, passend zur Pflanze und zum Stil der Wohnung.

Früher war es ganz einfach: Ein Topf aus Ton, dazu ein Untersetzer oder darüber ein Übertopf, mehr musste nicht sein. Heute ist die „Topffrage" zur Stilfrage avanciert, denn wer Terrakotta wählt, drückt damit ein bestimmtes Lebensgefühl aus. Allerdings sind es mittlerweile vor allem auch die neuartigen Materialien aus Kunststoff, leicht und in den verschiedensten Formen erhältlich, die den Markt bereichern. Obwohl die klassische Topf/Übertopf-Variante noch immer am häufigsten praktiziert wird, kann man in viele Gefäße auch direkt pflanzen. Sie sind teilweise schon mit Bewässerungssystemen ausgestattet oder können gegebenenfalls nachgerüstet werden, sodass Design und einfache Handhabung heute Hand in Hand gehen.

Schöne Pflanzen kommen erst in den passenden Gefäßen richtig zur Geltung. <<

Glasierte Töpfe gibt es in den verschiedensten Farben und Formen. Die kugelige Form dieses Gefäßes passt perfekt zum rundlichen Stamm des Elefantenfußes. >>

Die besten Voraussetzungen für grüne Räume

Ton oder Kunststoff?

Nicht immer wird bei der Wahl des Materials ganz objektiv nach Vor- und Nachteilen ausgesucht. Manchmal ist es einfach auch eine Gefühlsfrage und viele naturverbundene Pflanzenliebhaber entscheiden sich aus Gewohnheit für den Tontopf. Er ist klassisch, sieht gut aus und bildet eine Einheit mit den lebenden Pflanzen. Hier soll zwar keine Lanze gebrochen werden für den Kunststofftopf, dennoch dürfen seine Vorteile nicht unberücksichtigt bleiben.

Beide Topfarten gibt es in bestimmten, meist genormten Größen. Dabei entspricht der Randdurchmesser der Höhe des Topfes. Konventionelle Gefäße werden zum Ein- und Umtopfen verwendet, aber auch zur Anzucht. In kommerziellen Gartenbaubetrieben setzt man dabei schon seit langem auf Kunststofftöpfe, einfach weil sie viel leichter, aber auch billiger sind. Hinzu kommt, dass Kunststofftöpfe leicht zu reinigen sind, bei Tontöpfen muss da schon etwas mehr geschrubbt werden.

Das geringe Gewicht der Kunststofftöpfe kann allerdings auch ein Nachteil sein, dann nämlich, wenn hohe und schwere Blüten ausgebildet werden, wie es beispielsweise der Ritterstern *(Hippeastrum)* tut. Für Plastiktöpfe spricht allerdings, dass sie kein Wasser aufnehmen, wie dies Tontöpfe tun. Pflanzen, die in Tontöpfen stehen, benötigen immer etwas mehr Wasser. In Tontöpfen kommt es dafür weniger häufig zu Staunässe und verfaulten Wurzeln, denn das Wasser kann durch das poröse Material entweichen und dabei auch noch die Luftfeuchtigkeit erhöhen.

Bauchige Tontöpfe in Brauntönen passen zum romantischen Stil von Hibiskus. >>

Kunststofftöpfe sind leicht, geben im Gegensatz zu Tontöpfen kein Wasser nach außen ab und sind preiswert. <<

Die Dekoration vermittelt ein fernöstliches Ambiente: Sempervivum in weißen flachen Schalen passt perfekt dazu. >> >>

Eingetopft – Gestalten mit Stil

Gestaltungstipp

Machen Sie nicht den Fehler und mischen Sie schlichte Töpfe mit bunten und verschnörkelten Gefäßen. Die Wirkung ist meistens deprimierend. Entscheiden Sie sich für einen Stil, bei dem Pflanzen, Gefäße und die Wohnung miteinander harmonieren.

Das wiederum hat eine niedrigere Temperatur im Wurzelbereich der Pflanze zur Folge und kann für diese von Nachteil sein.

Das besondere Etwas

Neben den ganz schlichten und einfachen Formen, gibt es bei beiden Materialien aber auch Schmucktöpfe. Terrakotta ist die Bezeichnung für gebrannten unglasierten Ton. Hochwertige Materialien und der Brand bei hohen Temperaturen kann Terrakottagefäße zu Kostbarkeiten werden lassen. Die Töpfe werden in unterschiedlichen Formen und Größen angeboten und bringen einen mediter-

Die besten Voraussetzungen für grüne Räume

ranen Flair in die Wohnung. Auch glasierte Tontöpfe, einfarbig oder in buntem Mix, haben eine besondere Wirkung, sie schaffen eine freundliche Atmosphäre und sorgen für gute Laune.

Übertopf oder Untersetzer
Einfache Tontöpfe können ohne Weiteres als Blumentopf dienen. Sie unterstreichen durch ihre schlichte Erscheinung sogar die Schönheit der Pflanze. Da sie aber aus durchlässigem Material sind und außerdem immer mit einem Loch am Topfboden versehen sind, benötigen sie zumindest einen Untersetzer. Wer stilistisch auf Nummer Sicher gehen will, sollte zu Tonuntersetzern greifen. Achten Sie aber darauf, dass der Ton glasiert ist, denn sonst nimmt der Untersetzer die Feuchtigkeit des Topfes auf und Fensterbank, Regal oder andere Abstellflächen bekommen hässliche Ränder.

Die schlichten schwarzen Kunststofftöpfe sehen dagegen nicht sehr attraktiv aus. Ein Übertopf ist deshalb empfehlenswert und hier ist die Auswahl wirklich riesig. Sie können die Farbe des Topfes auf die Blütenfarbe, die Farbe ihrer Möbel oder der Tapete abstimmen – am besten harmoniert alles miteinander und das geht auch, wenn Sie Kontraste lieben.

Für Grünpflanzen bieten sich bunte Töpfe geradezu an. Passend zur Wohnungseinrichtung können die Farben nach Wunsch ausgewählt werden, ohne Rücksicht auf die Blütenfarbe nehmen zu müssen. Beim Umtopfen ist die Wahl der richtigen Topfgröße und der geeigneten Erde wichtig. >>

Die gelben Begonienblüten werden von den gestreiften Töpfen aufgenommen. So wird die Farbe verstärkt und es entsteht ein frischer Eindruck. <<

Umtopfen

Viele Zimmerpflanzen benötigen alle paar Jahre einen größeren Topf und frische Erde. Am besten erledigt man diese Aufgabe im Frühjahr, wenn die Pflanzen mit längerer Beleuchtungsdauer und höheren Temperaturen wieder auf Touren kommen. Der neue Topf muss größer sein als der alte, denn die Pflanze hat meistens an Volumen zugenommen und das gilt bei gutem Wachstum auch für die Wurzeln.

Tipp

Einige Pflanzen haben besondere Bedürfnisse, beispielsweise der Ritterstern. Der Topf soll so groß gewählt werden, dass zwischen Zwiebel und Topfrand eine Daumenbreite Platz ist.

Die Regel lautet: Bei jedem Umtopfen zwei Größen größer. Es ist sinnvoll, sich daran zu halten, auch wenn die Pflanze nicht krank wird, wenn der Topf noch größer ist. Immerhin hat sie dann noch mehr Erde und Nährstoffe zur Verfügung. Aber das ist auch das Problem, denn man verschätzt sich dann häufig mit den Mengen: Es wird zu viel gegossen und gedüngt und auf diese Weise beginnt die Pflanze zu kümmern.

Beachten müssen Sie beim Umtopfen auch deshalb die Größe, weil die Proportionen stimmen müssen. Eine kleine Pflanze in einem großen Topf, das wirkt einfach nicht.

Meistens hebt man alte Töpfe auf, die man beim Umtopfen für andere Pflanzen noch verwenden kann. Das ist durchaus sinnvoll, allerdings müssen diese Töpfe sorgfältig gereinigt werden, bevor eine neue Pflanze eingetopft wird. Krankheiten können mitunter sehr lange an Erd- oder Pflanzenresten im Topf überdauern und dann die neuen Pflanzen befallen.

Die besten Voraussetzungen für grüne Räume

Eingetopft – Gestalten mit Stil

Neue Materialien

Beim Thema Pflanzgefäße und Blumentöpfe bleibt eigentlich kein Wunsch unerfüllt. Mit neuen Kunststoffmaterialien wie Fiberglas können die verschiedensten Formen und Größen erzeugt werden. Mithilfe von Mineralfaserverbundstoffen kann man sogar nach Maß anfertigen lassen. Daneben gibt es elegante Töpfe aus Aluminium, Stahl und Edelstahl, schlicht und edel, die jeder Wohnung eine ganz besondere Atmosphäre verleihen.

Elegant und naturverbunden zugleich sind außerdem Gefäße aus Holz, die mittlerweile so konstruiert sind, dass sie direkt bepflanzt werden können. Und wer auf die Terrakottaoptik nicht verzichten will, aber trotzdem auf ein etwas anderes Design Wert legt, greift zu Pflanzgefäßen in Terrakottaoptik, die beispielsweise aus Terrakottamehl gemischt mit Jutefasern bestehen und einen größeren Formenreichtum bieten als die „echten" Tontöpfe.

Metallgefäße wirken edel und schlicht. Sie passen, zusammen mit größeren Grünpflanzen, zum eleganten Stil einer modernen Wohnung. ‹‹

Mit rosafarbenen Begonien wird es romantisch. Ein rundliches Gefäß, dass farblich nicht in den Vordergrund drängt, ist die beste Wahl. ››

Die besten Voraussetzungen für grüne Räume

Vermehren – gewusst wie

Grüner Daumen oder nicht – die Vermehrung vieler Zimmerpflanzen gelingt jedem Zimmerpflanzengärtner – versuchen Sie es einmal! Sehr viele Arten lassen sich vegetativ über Stecklinge, Blätter oder Kindel vermehren. Bei einigen Arten ist die generative Vermehrung über Samen besser. Welche Vermehrungstechnik die richtige für die jeweilige Pflanzengattung oder -art ist, erfahren Sie auf den folgenden Seiten.

Teilen

Die einfachste vegetative Vermehrungsmethode ist das Teilen. Sie bietet sich bei Pflanzen an, die sich gut bestocken. Ein guter Zeitpunkt für das Teilen ist beim Umtopfen im Frühjahr oder wenn die Pflanzen für den Topf zu groß geworden sind. Man bricht die Rhizome einfach auseinander oder schneidet den Wurzelballen eines zu groß gewordenen Asparagus mit einem Brotmesser durch.

Das Teilen eignet sich für:

- *Asparagus densiflorus* (Zierspargel)
- *Aspidistra elatior* (Schusterpalme)
- *Sansevieria trifasciata* (Bogenhanf)
- *Soleirolia soleirolii* (Bubikopf)
- *Zantedeschia aethiopica* (Zimmercalla)

Die Haworthie, eine Sukkulente, kann man leicht aus ihren sich in großer Zahl bildenden Kindeln vermehren. <<

Das Vermehren durch Teilen ist die einfachste Möglichkeit, für Pflanzennachwuchs zu sorgen. >>

Stecklinge der Tradeskantie ziehen, in Wasser gestellt, schnell Wurzeln. Die bewurzelten Stecklinge lassen sich lange – wie in Hydrokultur – im Glas halten. <<

Stecklinge schneidet man unterhalb eines Blattknotens ab und steckt sie zu mehreren in erdgefüllte Töpfchen. Durch Überstülpen einer Plastiktüte sorgt man für gespannte Luft, was das Anwurzeln begünstigt. >>

Kopfstecklinge

Von vielen Zimmerpflanzen kann man (Kopf-)Stecklinge abschneiden, die – in Wasser gestellt – schnell Wurzeln ziehen. Nehmen Sie schön gewachsene Triebe mit gut ausgefärbten Blättern und schneiden Sie die Stecklinge so, dass sie über den Rand der ausgewählten Gefäße hinausragen, etwa 10 bis 15 cm lang. Günstig ist es, wenn Sie die Stecklinge unterhalb eines Blattknotens mit einem scharfen Messer sauber abschneiden und die unteren Blätter abkneifen oder abstreifen. Stellen Sie die Stecklinge am besten aufrecht in durchsichtige Trinkgläser oder Senfgläser. So können Sie kontrollieren, ob und wie sich Wurzeln bilden. Die gut bewurzelten Stecklinge werden weiter in Erde oder in Hydrokultur kultiviert. Geranien und andere robuste Arten kann man auch gleich in erdgefüllte Töpfchen stecken. Die Stecklinge ziehen bei „gespannter Luft" unter einer übergestülpten Plastiktüte und bei „warmem Fuß" rasch Wurzeln.

Der beste Zeitpunkt für die Stecklingsvermehrung ist im Frühjahr oder Sommer. Versuche zu anderen Jahreszeiten gelingen meist ebenfalls. Besonders leicht zieht *Tradescantia* Wurzeln.

Mithilfe der Stecklingsvermehrung, die auch die Gärtner anwenden, gewinnt man schnell viele neue Pflanzen für den eigenen Bedarf oder zum Verschenken. Bei einigen schnell wachsenden Arten wie der Buntnessel (*Solenostemon*) ist es ohnehin nötig, sie häufig aus Kopfstecklingen zu verjüngen, weil die Pflanzen sonst zu groß werden und umkippen. Geeignete Arten für die Stecklingsvermehrung:

- *Cissus*-Arten (Klimmen)
- *Cyperus*-Arten (Zypergräser)
- *Epipremnum* (Efeutute)
- *Ficus benjaminii* (Birkenfeige)
- *Hedera helix* (Efeu)
- *Hoya*-Arten (Wachsblumen)
- *Impatiens*-Arten (Fleißiges Lieschen/Edellieschen)
- *Pelargonium*-Arten
- *Peperomia*-Arten (Zwergpfeffer)
- *Solenostemon* (Buntnessel)
- *Sparrmannia africana* (Zimmerlinde)
- *Tradescantia* (Dreimasterblume)

Beim Bogenhanf gelingt die Vermehrung aus Blatt-Teilstücken leicht. Aufrecht in durchlässiges Substrat gesteckt, ziehen diese nach einiger Zeit Wurzeln und treiben Schösslinge. «

Das Usambaraveilchen ist ebenfalls leicht über Blattstecklinge zu vermehren. Dazu schneidet man die Blätter unterhalb des Ansatzes ab und steckt sie in Erde. »

Blattstecklinge

Sogar aus einem einzelnen Blatt oder aus Teilen eines Blattes können neue Pflanzen heranwachsen. Vom Usambaraveilchen steckt man dicht an der Blattbasis abgebrochene Blätter in ein sandiges Vermehrungssubstrat, das zu gleichen Teilen aus Sand und Torf besteht. Andere, wie die Sansevierie, schneidet man in ca. 5 cm lange Teilstücke und steckt sie entsprechend der vorherigen Wuchsrichtung ins Substrat. Die Blatt-Teilstücke ziehen Wurzeln und bilden zur Seite hin neue Triebe. Allerdings sind die Nachkommen von gelb gestreiften, panaschierten Formen bei dieser Vermehrungsmethode nur noch grün. Die Vermehrung über Blattstecklinge ist erfolgreicher bei etwas höherer Temperatur sowie bei „gespannter Luft", die man durch Überstülpen von Plastiktüten oder Glasabdeckung bzw. noch sicherer in einem Zimmergewächshaus erreicht.

Begonien und auch *Streptocarpus* sind für ihr erstaunliches Regenerationsvermögen bekannt. An Schnittstellen im Blatt bilden sich mit etwas Glück neue Pflanzen. Legen Sie dazu Blätter eben auf das sandige Vermehrungssubstrat und schneiden Sie mit einer Rasierklinge oder einem scharfen Messer die Blattadern ein. Die Vermehrung über Blattstecklinge bietet sich an bei:

- *Begonia*-Arten
- *Crassula*-Arten (Dickblatt-Arten)
- *Echeveria*-Arten
- *Ficus elastica* (Gummibaum)
- *Saintpaulia*-Hybriden (Usambaraveilchen)
- *Sansevieria fasciata* (Bogenhanf)
- *Streptocarpus* (Drehfrucht)

Vermehren – gewusst wie

Blattglieder bei Kakteen und Sukkulenten
Bei Gliederkakteen wie *Opuntia* und Weihnachts- bzw. Osterkaktus (*Schlumbergera*-Hybriden, *Rhipsalidopsis*-Hybriden) ist es noch einfacher: Da genügt es, Glieder abzubrechen. Man lässt sie vor dem Stecken zum Antrocknen ein paar Tage liegen. Bei Blattkakteen (*Epiphyllum*-Hybriden) schneidet man für die Stecklingsgewinnung die Glieder an der breitesten Stelle durch und lässt die Teilstücke ebenfalls antrocknen.

Stammstecklinge

Dies ist eine weitere vegetative Vermehrungsmethode bei Stamm bildenden Arten wie *Dracaena* (Drachenbaum) und Yucca. Die mit einem scharfen Messer durchtrennten und angetrockneten Stammstücke steckt man aufrecht entsprechend der vorherigen Wuchsrichtung zu mehreren in Vermehrungssubstrat. Die Stammstücke treiben aus dem obersten Auge aus. So erklärt sich auch das häufig eigenartige Aussehen vieler Exemplare der Yucca, die man im Handel bewundern kann.

Drachenbaum und Yucca-Palme vermehrt man aus Stammstecklingen. Aus Stammstücken treiben Wurzeln und neue Blattschöpfe aus.

Die besten Voraussetzungen für grüne Räume

Kindel

Kindel sind Seitensprosse, die direkt an der Mutterpflanze entstehen – eine besondere Vermehrungsstrategie insbesondere der Ananasgewächse oder Bromelien. Bei Angehörigen dieser Gruppe wie bei der Lanzenrosette *(Aechmea)* stirbt die Mutterpflanze nach Blütenbildung ab. Das Brutblatt *(Kalanchoe daigremontiana)* bildet an den Blatträndern Minipflänzchen mit Wurzeln aus. Grünlilie, Henne-und-Küken und andere „lebendgebärende Pflanzen" haben diese Vermehrungsstrategie.

- *Aechmea fasciata* und andere Bromelien
- *Aeonium*-Arten (Dickblatt-Arten)
- *Aloe*-Arten
- *Chlorophytum comosum* (Grünlilie)
- *Echeveria*-Arten
- *Gasteria*-Arten
- *Haworthia*-Arten
- *Hippeastrum*-Hybriden (Rittersterne)
- *Kalanchoe daigremontiana* (Brutblatt)
- *Saxifraga stolonifera* (Hängender Steinbrech)
- *Tolmiea menziesii* (Henne und Küken)

Beim Brutblatt bilden sich entlang des Blattrands neue Pflänzchen.

Vermehren – gewusst wie

Ausläufer und Absenker

Bodendeckerpflanzen wie Efeu *(Hedera helix)* vermehren sich effektiv über Ausläufer und Absenker. Besonders im Garten, in größeren Pflanzgefäßen oder im Grundbeet eines Wintergartens ist diese Eigenschaft erwünscht.

Gärtner vermehren Saisonpflanzen wie Blaues Lieschen generativ aus Samen. «

Paradebeispiel für Kindelbildung: Bei der Grünlilie bilden sich an überhängenden Trieben Tochterpflanzen.

Aussaat

Die Aussaat lohnt sich bei einjährigen Pflanzen, von denen man viele Exemplare haben möchte, z. B. bei Zierpaprika. Die Gärtner vermehren Saisonpflanzen wie Primeln oder Blaues Lieschen aus Samen.
Die Vermehrung durch Aussaat ist auch bei Kakteen gebräuchlich. Zum Aussäen nimmt man keimfreie Aussaaterde.
Da die meisten Zimmerpflanzen Dunkelkeimer sind, sollte man das Substrat mit Ziegelgrus oder einem anderen Material abdecken. Das Abdecken oder Einhüllen in Plastikfolie sorgt für gespannte Luft. Bei einer Temperatur von etwa 25 °C keimt das Saatgut am besten.

Die besten Voraussetzungen für grüne Räume

Fit für den Urlaub

Viele Menschen haben keine oder nur wenige Zimmerpflanzen, weil sie häufig unterwegs sind, beruflich oder im Urlaub, und sich dann niemand um die Pflanzen kümmert. Trifft man jedoch einige Vorkehrungen, so ist es gar kein Problem, die Gewächse für einige Zeit allein zu lassen.

„Ich bin ständig unterwegs, da kann ich keine Zimmerpflanzen gebrauchen, die dann doch verkümmern", „wir sind so oft im Urlaub und die Nachbarn und Freunde möchten wir nicht ständig bitten, die Pflanzen zu gießen." – So oder ähnlich äußern sich viele Menschen, die entweder ganz auf Zimmerpflanzen verzichten oder es hin und wieder mit neuen Exemplaren versuchen; häufig mit wenig Erfolg. Dabei ist es eigentlich ganz einfach, Zimmerpflanzen mit wenig Aufwand auch für eine bestimmte Zeit alleine zu lassen. Mittlerweile gibt es sehr gute Bewässerungssysteme, die dauerhaft oder nur für die Urlaubszeit angebracht werden können.

Da kommt man gleich in Urlaubsstimmung: Blauweiße Becher und Kannen, gefüllt mit grünen Gräsern und mit Muscheln dekoriert, steigern die Urlaubsvorfreude. <<

Hydrokultur ist ideal, wenn der Urlaub länger dauern soll. Die Tonkügelchen nehmen viel Wasser auf, das den Pflanzen über einen längeren Zeitraum zur Verfügung steht. >>

Immer mit der Ruhe

Zunächst gilt der Grundsatz: Weniger Wasser ist besser als zu viel. Wer das beherzigt, kann vor allem im Winter, Frühling und Herbst durchaus einige Tage bis zu einer Woche außer Haus sein, ohne dass die Pflanzen einen Schaden nehmen. Gerade im Winter legen viele Pflanzen eine Pause ein. Das Gießen und Düngen wird oft stark reduziert oder ganz eingestellt, sodass man sich sowieso nicht kümmern muss. Wer für längere Zeit unterwegs ist, sollte bestimmte Vorkehrungen treffen, um die Pflanzen auch bei der Rückkehr noch gesund anzutreffen:

- Verringern Sie das Gießen schon einige Tage vor der Abreise, damit die Pflanze sich an ein reduziertes Wasserangebot gewöhnt.
- Auch die Düngung sollte bereits einige Tage vor einer längeren Reise allmählich zurückgefahren werden.
- Kontrollieren Sie, ob die Pflanzen von Krankheiten und Schädlingen befallen ist. Wenn ja, versuchen Sie noch vor der Abfahrt, den Befall in den Griff zu bekommen. Isolieren Sie die Pflanzen trotzdem, damit sich Schädlinge und Krankheiten nicht ungehindert ausbreiten können.
- Verwelktes schneidet man ab.
- Sind die Pflanzen in den Sommermonaten allein, benötigen Sie einen Platz, der hell, aber sonnengeschützt ist. Eventuell müssen die Zimmerpflanzen deshalb einen anderen Platz bekommen.

Fit für den Urlaub

Die richtige Bewässerung

Für Menschen, die oft unterwegs sind, eignen sich Zimmerpflanzen in Hydrokultur oder Seramis® besonders gut. Es muss viel seltener gegossen werden und die Pflanze bekommt gerade so viel Wasser, wie sie benötigt. Daneben gibt es aber gute Bewässerungssysteme, die für jeden Geldbeutel erschwinglich sind. Bastler bauen sich sogar selbst verschiedene Vorrichtungen, um die Pflanzen während ihrer Abwesenheit mit Wasser zu versorgen.

Selbst gemacht

Am einfachsten ist es, die Pflanzen neben die Spüle zu stellen. Lassen Sie etwas Wasser in das Becken laufen und legen Sie ein großes saugfähiges Tuch so hinein, dass ein Teil des Tuches ins Wasser ragt und der andere Teil auf der Spüle ausgebreitet liegt. Auf das feuchte Tuch stellt man nun die Blumentöpfe. Das geht natürlich nur ohne Übertopf oder wenn ein Loch im Topfboden ist, von dem aus die Wurzeln Wasser ansaugen und aufnehmen können.

Auch Bewässerungskugeln versorgen die Pflanzen gleichmäßig mit Wasser, sodass einem Urlaub nichts mehr im Wege steht. Eine abgeschnittene und mit Wasser gefüllte Plastikflasche, die umgekehrt in die Erde gesteckt wird hat den gleichen Effekt. <<

Die Kugeln bekommt man in unterschiedlichen Farben. Sie sehen so schön aus, dass sie auch als Dekorationsobjekte verwendet werden können. >>

Die besten Voraussetzungen für grüne Räume

Einfache Systeme

Günstig und einfach in der Handhabung sind spezielle Keramikkegel, die auf eine Wasserflasche geschraubt werden können. Den Kegel steckt man dann mitsamt der Flasche kopfüber in den Blumentopf, sodass die Pflanzen für eine gewissen Zeit mit Wasser versorgt werden, ohne dass es zu einer Überversorgung kommt. Vergessen Sie nicht, in die Plastikflasche ein kleines Loch zu bohren.
Auch verschiedene Schläuche, die mit einem Ende im Wasserbehälter neben den Pflanzen stecken und mit dem anderen Ende in der Blumenerde, leisten gute Dienste. Sie sind mit Tonkegeln versehen oder mit extra Ansaugvor-

> **Tipp**
>
> *Graben Sie die Töpfe, in denen die Zimmerpflanzen stehen, vor dem Urlaub an einen schattigen und geschützten Ort zur Hälfte in den Erdboden ein. So stehen sie fest und ein Windstoß wirft sie nicht gleich um. Außerdem werden sie durch das Erdreich ausreichend mit Wasser versorgt.*

Fit für den Urlaub

Robuste Zimmerpflanzen vertragen auch einen Urlaub im Freien. Sie können eine unscheinbare Ecke im Sommer verschönern. «

Im Urlaub sollten die Pflanzen an einen absonnigen Platz gestellt werden. So schreitet die Austrocknung nicht so schnell voran. »

richtungen, und können sogar mit einer Zeitschaltuhr versehen werden. Daneben gibt es noch die etwas teurere Tropfbewässerung, die sich bei längeren Urlauben durchaus bewährt.

Ab in den Garten
Glücklich können sich die Menschen schätzen, die einen kleinen oder großen Garten haben, der im Sommer als kurzzeitiger Aufenthaltsort für Zimmerpflanzen genutzt werden kann. Die meisten Zimmerpflanzen werden nach einem Aufenthalt im Freien sogar noch schöner und ein warmer Sommerregen tut ihnen besonders gut.

Persönliche Betreuung
Die klassische Methode – den Nachbarn oder eine Freundin zu fragen, ob sie nach den Blumen schauen – soll bei allen anderen Möglichkeiten trotzdem nicht vernachlässigt werden. Manche Menschen freuen sich, wenn sie sich um die Pflanzen kümmern dürfen, und darüber hinaus wird auch gleich in der Wohnung nach dem Rechten geschaut. Es gibt aber noch eine andere Möglichkeit: Pflegeintensive und empfindliche Pflanzen kann man in die nahe Gärtnerei oder den Blumenladen bringen, bei dem man als Kunde bekannt ist. Viele Gärtner und Floristinnen übernehmen gegen ein kleines Entgelt die Urlaubspflege.

Die besten Voraussetzungen für grüne Räume

Räume für Pflanzen – Garten im Glas

Für jeden Raum im Haus finden sich – je nach Standortbedingungen – die passenden Zimmerpflanzen. Sie stehen aufgereiht auf dem Fensterbrett, als Solitäre an Logenplätzen am Fenster oder frei im Raum.

Wer bestimmten Pflanzen ideale Lebensbedingungen bieten möchte, muss für diese entsprechende Räume oder Vorkehrungen schaffen. Tropische Gewächse gedeihen bei hoher Temperatur und hoher Luftfeuchtigkeit am besten; diese Bedingungen finden sie in einem geschlossenen Blumenfenster, einer Vitrine oder einem Flaschengarten. Zimmerpflanzen, die viel Licht brauchen, fühlen sich in einem hellen Wintergarten wohl.

Wintergarten

Viele Pflanzenfreunde genießen die besonderen Qualitäten eines Wintergartens: die Wärme, die Sonne, Grün – das ganze Jahr über und zusätzlicher Wohnraum, den man mit Palmen oder anderen hohen Zimmergewächsen gestalten kann. Ein Wintergarten ist ebenso ein idealer Standort für lichtbedürftige Pflanzen. Man unterscheidet zwischen einem warmen und einem kalten Wintergarten. Danach richtet sich die Auswahl der

Hinter einer großen Glasfront finden schöne Solitäre einen Logenplatz. <<

Wer keinen Wintergarten hat, kann Licht liebenden Pflanzen auch an raumhohen Fenstern gute Standortbedingungen bieten. >>

Im Wintergarten ist die Belichtung optimal. Er bietet Zimmerpflanzen, die viel Licht brauchen, ideale Wachstumsbedingungen. >>

Pflanzen. In einem „kalten" bzw. niedrig temperierten Wintergarten überwintern Kübelpflanzen, die im Sommer draußen stehen und eher kühl überwintern müssen wie z. B. Zitrusgewächse. Auch für viele Zimmerpflanzen wie Kakteen und Sukkulenten, die während ihrer Ruhepause im Winter kühle Temperaturen brauchen, ist ein solcher Überwinterungsort ideal.

Ein „warmer" Wintergarten wird etwa auf Zimmertemperatur oder darüber gehalten. Hier gedeihen bei entsprechender hoher Luftfeuchtigkeit, für die man Vorkehrungen treffen kann, auch Tropengewächse.

Normalerweise stehen die Wintergartenbewohner in Töpfen oder Kübeln – die großen und schweren Behältnisse idealerweise auf rollbaren Untersetzern, sodass man sie mühelos hin- und herbewegen kann.

Einen zusätzlichen Lebensraum bieten erdgefüllte Grundbeete im Wintergarten. Hier gedeihen Bodendeckerpflanzen mit hübsch geformten und gezeichneten Blättern wie Fittonie, Kanonierblume *(Pilea),* Mooskraut *(Selaginella),* Ruellie *(Dipteracanthus devosianus)* und *Tradescantia*.

Blumenfenster, Vitrine

Blumenfenster an Nachkriegshäusern ragen etwas aus der Hausfront heraus. Sie sind wie ein Mini-Wintergarten nach allen Seiten verglast, sodass die Pflanzen in der vordersten Front den ganzen Tag über viel Licht bekommen. Altmodisch? Nein, denn ein solches bauliches Detail ist auch heute noch durchaus sinnvoll, weil hier auf kleinstem Raum Gewächse mit besonderen Ansprüchen ans Raumklima gedeihen. Blumenfreunde können sich behelfen, indem sie hinter einem breiten Fenster Pflanzbeete schaffen, die in den Raum hineinragen. Diese können offen oder geschlossen sein. Sammler von Bromelien, Orchideen oder tropischen Blattpflanzen müssen sich für ihre Pfleglinge mit hohen Ansprüchen an Temperatur und Luftfeuchtigkeit auf jeden Fall etwas einfallen lassen. Da bleibt oft nur die Möglichkeit, eine geschlossene Pflanzenvitrine oder ein Zimmergewächshaus aufzustellen, in denen sie mit Heizung, Belüftung und Pflanzenleuchten ideale Wachstumsbedingungen schaffen können.

Kakteen machen Winterpause; ein kühler Wintergarten ist deshalb ein guter Standplatz in der kalten Jahreszeit. «

Die Birkenfeige findet im Wintergarten Sommer wie Winter ideale Bedingungen: Platz, Wärme, Luftfeuchtigkeit. »

Epiphytenstamm

Noch wohler fühlen sich manche Bromelien und Orchideen, wenn sie wie an ihren heimatlichen Standorten als Aufsitzer (Epiphyten) auf einem Baumstamm wurzeln können. Diesem Anspruch kann man durch das Aufstellen oder Aufhängen eines Epiphytenstamms entgegen kommen – das kann ein knorrig oder gedreht gewachsener Ast von Laubgehölzen wie Eiche oder Robinie bzw. von Apfel- oder Birnbaum sein. Dieser wird entweder in Fensternähe aufgehängt oder aufrecht stehend in einem größeren Kübel einbetoniert.

Den Ast muss man fürs Anbringen der Pflanzen präparieren, indem man zum Beispiel mithilfe von Drahtgeflecht nestähnliche und mit Moos ausgekleidete Pflanztaschen anbringt. Für hohe Luftfeuchtigkeit, die Bromelien und Orchideen wünschen, sorgt häufiges Einsprühen.

Garten im Glas – Pflanzengläser und Flaschengärten

Dem Bedürfnis nach hoher Luftfeuchtigkeit kommen Pflanzengläser und Flaschengärten entgegen. In Flaschengärten baut sich ein weitgehend geschlossenes System mit hoher Luftfeuchtigkeit auf, in dem das Wasser zirkuliert. Pflanzen verdunsten Wasser, das sich an der Innenseite der Gläser abschlägt und abtropft; so entsteht eine tropische Atmosphäre.

Findige Zimmergärtner verwenden für diesen Zweck ausgediente Gläser aus dem Haushalt wie große Einmachgläser, Weinflaschen oder Gläser aus dem Chemielabor. Im Gartenfachhandel kann man halb offene Glaskugeln zum Bepflanzen kaufen. Ein Terrarium eignet sich ebenfalls. Solche Behältnisse bieten nur Raum für kleinwüchsige Arten und Sorten. Ein offenes Aquarium lässt sich auch mit hoch wachsenden Sumpfpflanzen wie Zypergras bepflanzen. Der Mini-Tropengarten funktioniert nur, wenn die Wasserführung stimmt. Dies ist besonders wichtig, weil das Glas keinen Abfluss hat. Deshalb muss als unterste Lage eine Dränageschicht aus z. B. Blähton eingefüllt werden. Darüber kommt etwa 10 cm hoch die Erde, die am besten aus einer Mischung von humosem Substrat und Sand besteht. Nach dem Einpflanzen kann man die Erdschicht mit Kieselsteinchen belegen, um die Illusion einer Landschaft entstehen zu lassen.

Ein kleines Kunststück ist das Bepflanzen der Flaschengärten mit engem Hals. Fingerfertige hantieren mithilfe von schmalem Werkzeug wie an Stäben angebundenem Essbesteck, Drahtschlingen und Spießen.

Die Mühe lohnt sich, denn an diesen besonderen Pflanzenstandorten fühlen sich Bromelien wie Versteckblüte *(Cryptanthus)*, Miniatur-Farne, Begonien, Bubikopf, Fittonie, Kanonierblume, Marante und Moosfarn sehr wohl. Fleischfressenden Pflanzen wie Sonnentau *(Drosera)* lassen sich hier idealerweise unterbringen. Zu groß gewordene Pflanzen stutzt man oder tauscht sie gegen Jungpflanzen aus.

Viele Bromelien wachsen in ihrer Heimat auf Baumstämmen in luftiger Höhe. Hierzulande begnügen sie sich mit nachgeahmten Epiphyten-Stämmen. <<

Einige Bromeliengewächse oder Farne brauchen sehr hohe Luftfeuchtigkeit, die ihnen ein Flaschengarten bieten kann. >>

Die besten Voraussetzungen für grüne Räume

Mit Vorsicht zu genießen

Die meisten Zimmerpflanzen sind harmlos, einige von ihnen haben es aber „an" oder „in sich"! Sie können Allergien auslösen und der Kontakt mit dem Pflanzensaft kann Hautreizungen verursachen. Kinder und auch Haustiere versuchen hin und wieder, an Zimmerpflanzen zu naschen oder damit zu spielen – nicht ohne Folgen. Sie sollten deshalb wissen, wie giftig die Gewächse in Ihrem Haus sind und was im Notfall zu tun ist.

Verletzungen, Allergien oder Vergiftungen, die durch Zimmerpflanzen hervorgerufen werden, gibt es immer wieder, allerdings ist das keineswegs ein Grund zur Panik. Wer vorsichtig mit seinen Pflanzen umgeht, beim Umtopfen Handschuhe trägt und Pflanzenteile nicht in den Mund nimmt oder isst, dem kann eigentlich gar nichts passieren. In Haushalten mit Kindern und/oder Haustieren ist die Gefahr von Verletzungen und Vergiftungen allerdings größer. Eine andere sogenannte Risikogruppe sind Allergiker, die auf bestimmte Substanzen empfindlich reagieren, zum Beispiel mit Ausschlägen oder Schwellungen. Es kann an dieser Stelle nur eine kleine Übersicht über die verschiedenen Unfallrisiken gegeben werden und nur einige Pflanzen werden beispielhaft genannt. Informieren Sie sich deshalb gegebenenfalls im Fachhandel oder bei den verschiedenen Vergiftungszentralen über Ihre Pflanzen. Darüber hinaus sollte man wissen, was im Notfall zu tun ist.

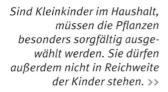

Calla sind elegant und wunderschön – aber giftig. <<

Sind Kleinkinder im Haushalt, müssen die Pflanzen besonders sorgfältig ausgewählt werden. Sie dürfen außerdem nicht in Reichweite der Kinder stehen. >>

Vorsicht Verletzungsgefahr!

Wer hat sie nicht schon einmal im Finger gespürt: Die spitzen Dornen der Kakteen. Noch schlimmer sind die Glochiden verschiedener Opuntien. Das sind winzige Stacheln mit kleinen Widerhaken, die sich in der Haut verhaken. Sie erzeugen einen unangenehmen Schmerz und man benötigt eine ganze Weile, bis alles entfernt ist. Weniger bekannt, aber nicht minder gefährlich kann sich der Kontakt beispielsweise mit Einblatt, Becherprimel, Aronstab oder Alpenveilchen auswirken. Im günstigsten Fall kommen empfindliche Menschen mit einem Hautjucken davon.

Der Weihnachtsstern ist nicht so gefährlich, wie viele Menschen denken. Allergiker sollten aber vorsichtig sein und nicht mit dem Milchsaft in Berührung kommen. »

Wer hier zugreift, ist selbst schuld!

Gefährlicher Milchsaft

Vor allem Wolfsmilchgewächse führen Milchsaft in ihren Leitungsbahnen, der hautreizende Diterpene enthalten kann. Nach neueren Untersuchungen ist dies allerdings hauptsächlich bei den Wildformen ausgeprägt. Die verschiedenen Sorten im Handel weisen dagegen in der Regel kaum oder gar keine Diterpene mehr auf. Das gilt vor allem für den als giftig eingestuften Weihnachtsstern. Bei empfindlich reagierenden Menschen kann es zwar durchaus zu Hautirritationen bei Kontakt mit dem Milchsaft kommen, als giftig kann der Weihnachtsstern aber nicht eingestuft werden.

Mit Vorsicht zu genießen

Gefährliche Zimmerpflanzen (Auswahl)

Pflanze	giftige Pflanzenteile	Giftigkeit	Auswirkungen
Kolbenfaden *Aglaonema*	ganze Pflanze	hochgiftig	Reizung der Haut, Herzrhythmusstörungen
Belladonnenlilie *Amaryllis belladonna*	hauptsächlich die Zwiebel	sehr giftig	Übelkeit, Durchfall, Erbrechen, Reizung der Haut
Wunderstrauch, Kroton *Codiaeum variegatum*	ganze Pflanze	sehr giftig	Übelkeit, Durchfall, Erbrechen, Reizung der Haut
Meskalkaktus, Peyote *Lophophora williamsii*	ganze Pflanze	sehr giftig	Halluzinationen und, Schädigung des zentralen Nervensystems
Efeu *Hedera helix*	Blätter und Früchte	giftig	Übelkeit, Erbrechen, Durchfall
Zimmerkalla *Zantedeschia aethiopica*	ganze Pflanze	giftig	Übelkeit, Erbrechen, Reizung der Schleimhäute

Für den Verzehr ungeeignet

Manche Blätter und Blüten, aber auch die Triebe sehen einfach lecker aus. Noch verführerischer sind die Früchte mancher Zimmerpflanzen, denken wir nur an den Korallenstrauch mit seinen kleinen orangen Beeren. Sie sehen so verlockend aus, dass man einfach zugreifen möchte. Lassen Sie trotzdem die Finger davon, denn Gummibaum, Birkenfeige und Dieffenbachie sind nicht zum Essen da. Übelkeit, Erbrechen, Magenkrämpfe, Durchfall bis hin zu Krämpfen und Atemlähmung können die gefährliche Folgen eines Verzehrs sein.

Eine ganze Reihe von Gartenkräutern haben essbare Blüten. Bei Zimmerpflanzen ist das fast nie der Fall. Probieren Sie es lieber nicht aus. >>

Tipp
Bieten Sie Ihrer Katze viel Katzengras an, das lenkt sie von den anderen Pflanzen ab und bietet genügend frisches Grün vor allem im Winter.

Auch Haustiere sollten bei der Auswahl der Pflanzen mitberücksichtigt werden. Sie wissen nicht immer instinktiv, was ihnen gut tut und was nicht. <<

Nichts für Haustiere

Katzen, Vögel und Hunde sind neugierig und knabbern gern mal an den Zimmerpflanzen. Außerdem tut frisches Grün der Verdauung gut. Doch nicht immer ist das Naschen an Zimmerpflanzen ungefährlich. Beim Verzehr mancher Pflanzen kann es zu schweren Vergiftungserscheinungen kommen.

Sich mit Pflanzen zu umgeben, fördert das Wohlbefinden. >>

Giftig für Haustiere (Auswahl)	
Pflanze	**Auswirkungen**
Philodendron, Baumfreund	Zittern, Durchfall, Erbrechen, Schluckbeschwerden, Blutungen
Wunderstrauch, Croton *Codiaeum variegatum*	Erbrechen, Durchfall, vermehrter Speichelfluss
Zimmerkalla *Zantesdeschia aethiopica*	Durchfall, Erbrechen, Schluckbeschwerden
Kolbenfaden *Aglaonema*	Rötungen und Schwellungen in Augen, Mund und Rachen

Mit Vorsicht zu genießen

Vorbeugung und Erste Hilfe

Am besten ist es natürlich, wenn gar keine Unfälle mit Zimmerpflanzen passieren. Man kann die Gefahr von Verletzungen und Vergiftungen auch tatsächlich auf ein Minimum reduzieren:

- Sprechen Sie mit Ihren Kindern darüber, was passieren kann, wenn sie Zimmerpflanzen anfassen oder in den Mund nehmen.
- Stellen Sie keine Pflanzen auf den Fußboden, wenn Haustiere oder Kleinkinder im Haushalt wohnen.
- Auf besonders gefährliche Pflanzen sollte man ganz verzichten.

Falls es doch einmal zum Verschlucken von Pflanzenteilen kommt, ist es nützlich, immer etwas medizinische Kohle vorrätig zu haben. Sie wirkt entgiftend und reinigt den Magen. Verabreichen Sie bei einer Vergiftung auf keinen Fall Milch, da diese die Aufnahme verschiedener giftiger Substanzen im Magen und Darm noch begünstigt.

Wenn bei einem Kind oder einem Erwachsenen Vergiftungserscheinungen auftreten, rufen Sie sofort bei der Notrufzentrale oder der Vergiftungszentrale an. Die Telefonnummer sollten Sie immer griffbereit zur Hand haben. Behalten Sie die Ruhe und überlegen Sie kurz, welche Informationen unbedingt wichtig sind:

- Von welcher Pflanze wurde etwas in den Mund genommen und/oder verzehrt?
- Welcher Pflanzenteil wurde in den Mund genommen und/oder verzehrt?
- Wie viel wurde geschluckt?
- Wie alt ist die betreffende Person?

Bei einer Vergiftung von Haustieren geht man natürlich ähnlich vor. Merken Sie sich, wie viel von welcher Pflanzen aufgenommen wurde und wenden Sie sich umgehend an den Tierarzt oder fahren Sie mit Ihrem Haustier direkt dorthin.

Die schönsten Zimmerpflanzen im Porträt

- Beliebte Klassiker
- Saisonpflanzen
- Neue Indoor-Trends
- Die dritte Dimension
- Unter Palmen
- Zimmer-Bonsai
- Die besten Orchideen
- Kakteen und Sukkulenten

Die schönsten Zimmerpflanzen im Porträt

Beliebte Klassiker

Zimmerpflanzen sind aus unserer Wohnumgebung nicht wegzudenken. Eine Wohnung oder ein Haus ohne Zimmerpflanzen wirkt leer und unbenaglich. Die Blatt- und Blütenpflanzen unterstreichen als wichtige Gestaltungselemente die ganz persönliche Note der Bewohner. Ob romantisch verträumt, elegant, fernöstlich anmutend oder rustikal – für jeden Wohnstil finden sich die passenden Gewächse für Fensterbänke und Raumgestaltung.

Diese Vielfalt ist neu! Zimmerpflanzen gibt es in unseren Häusern und Wohnungen noch gar nicht so lange. Botaniker und Gärtner brachten die meisten Arten erst im Lauf des 19. Jahrhunderts von ihren Entdeckungsreisen in ferne Weltregionen mit. So haben wir heute die ganze Welt in den Wohnzimmern versammelt. Beim Usambaraveilchen kann man die Herkunft am Namen ablesen: Die botanische Bezeichnung *Saintpaulia ionantha*

Modernes Raumdesign – da darf die Flamingoblume mit glänzendem Hochblatt auf langem Stiel nicht fehlen! <<

Welche Zimmerpflanze passt wohin? Die Gärtnereien haben Blatt- und Blütenpflanzen für jeden Platz im Haus im Sortiment. >>

Die schönsten Zimmerpflanzen im Porträt

Niedrig bleibende Topfpflanzen sind Hingucker auf Tischen und Stellagen im Haus. «

erinnert an seinen Entdecker Walter Saint-Paul-Illaire, einen Gouverneur im ehemaligen Deutsch-Ostafrika. Die Vrieseen, farbenprächtige Bromelien aus Mittel- und Südamerika, wurden nach dem holländischen Botaniker W. H. de Vriese benannt. Die Namen anderer Zimmergewächse geben Hinweis auf ihre Pflegeansprüche. So deutet die Bezeichnung „Schusterpalme" für die *Aspidistra* darauf hin, dass dieses Gewächs sehr robust ist und sogar in einem dunklen und zugigen Ladengeschäft stehen kann. Wer lange Freude an seinen Zimmerpflanzen haben möchte, sucht sich die Arten und Sorten passend zum Raum und zum Standplatz aus, der zur Verfügung steht. Abgesehen von Wuchshöhe und Wuchsbreite ist das der Anspruch an die wichtigsten Standortfaktoren, also Belichtung, Temperatur während der Wachstumsperiode und der Ruhezeit sowie Luftfeuchtigkeit.

Beliebte Klassiker

Abutilon-Hybriden

Schönmalve, Zimmerahorn

Blütezeit: Sommer bis Herbst

Aussehen: glockenförmige Blüten in Rosa, Rot, Weiß, Gelb oder Rot, zuweilen zweifarbig; Wuchs: bäumchenartig, samtige, ahornartige Blätter, teils hell gesprenkelt oder gefleckt

Pflege: Verträgt kühle Temperatur, kann deshalb im Sommer draußen stehen. Reichlich gießen und wöchentlich düngen. Bei etwa 10 °C oder kühler überwintern. Wird leicht von Weißer Fliege befallen. Ständiges Stutzen regt die Verzweigung an.

Besonderheiten: leichte Vermehrung durch Kopfstecklinge im Frühjahr

Platzierung: Wintergarten

Achimenes-Hybriden

Schiefteller

Blütezeit: Juli bis September

Aussehen: Asymmetrische Blütenteller in Rosa, Violett, Blau; weiche, nesselähnliche Blätter; Überdauerungsorgan ist ein tannenzapfenähnliches Rhizom in der Erde.

Pflege: Ganzjährig Zimmertemperatur bei 18–25 °C. Pflanze ab September weniger gießen und allmählich völlig trocken stellen; sie zieht dann ein. Erst ab Mitte Februar zum Antreiben wieder gießen. Während der Blüte gleichmäßig feucht halten, mit zimmerwarmem Wasser gießen.

Besonderheiten: Verwandt mit dem Usambaraveilchen aus Südafrika, aber aus Südamerika stammend.

Platzierung: Wohnräume, Küche

Adiantum raddianum

Frauenhaarfarn, Venushaar

Aussehen: lichtgrüne Wedel mit braunschwarzen, steifen, dünnen Stielen und zarten Fiederblättchen

Pflege: Ganzjährig warm und bei hoher Luftfeuchtigkeit, nicht unter 18 °C. Nur mit temperiertem, kalkarmem Wasser an den Topfrand gießen, Ballentrockenheit vermeiden. Bei drohendem Vertrocknen Rettung durch Eintauchen in Wasser und Rückschnitt der vertrockneten Blätter. Nur gelegentlich mit halber Konzentration düngen.

Besonderheiten: Vermehrung durch Teilung

Platzierung: Bad, Wintergarten (feuchtwarm)

50–150 cm   20–30 cm   15–30 cm

Die Erläuterungen zu den Symbolen finden Sie auf Seite 2.

Die schönsten Zimmerpflanzen im Porträt

Aechmea fasciata

Lanzenrosette, Silbervase

Blütezeit: Sommer

Aussehen: Bromelie mit rosettenartigem Wuchs und Zisterne; aus der Rosette erhebt sich der schaftartige Blütenstand mit rosafarbenen Hochblättern und den eigentlichen blauen Blüten dazwischen. Die Blätter sind lang, silbergrau gebändert und nach unten gebogen.

Pflege: Anspruchslos; das ganze Jahr über warm stellen, mäßig gießen und düngen. Zisterne im Sommer mit Wasser füllen; in der Ruhezeit ab September nicht mehr. Den Blütenstand im Spätwinter entfernen.

Besonderheiten: Vermehrung über Kindel

Platzierung: Wohnräume, Wintergarten

Aglaonema-Arten

Kolbenfaden

Arten und Sorten: *Aglaonema commutatum*, Blätter grün mit aschgrauen Flecken; *A. modestum*, dunkelgrüne Blätter, robust

Aussehen: Ähnelt der Dieffenbachie. Wuchs; buschig bis baumartig, längliche, zugespitzte Blätter, meist mit hellen Blattflecken; Callaähnliche Blütenstände, rote Früchte

Pflege: Anspruchsvoll, benötigt hohe Luftfeuchtigkeit. Braucht humosen, sauren Boden; nur mit weichem, zimmerwarmem Wasser gießen.

Besonderheiten: In weiten Topf pflanzen, sodass sich die flach streichenden Wurzeln gut ausbreiten können; gut für Hydrokultur geeignet.

Platzierung: Wohnräume, Bad, Wintergarten (feucht-warm)

Alocasia-Arten

Alocasie, Tropenwurz

Arten und Sorten: *Alocasia sanderiana*, *A. lowii*

Aussehen: Blattschmuckpflanze mit langgestielten, ovalen oder pfeilförmigen, oft metallisch glänzenden Blätter mit hellen Blattadern. Diese kontrastieren mit der dunkelgrünen Blattspreite.

Pflege: Anspruchsvolles Tropengewächs, muss sehr warm bei 22–25 °C (im Winter mindestens 18 °C) und bei hoher Luftfeuchtigkeit stehen. Den Wurzelballen gleichmäßig feucht halten, im Winter sparsam gießen.

Besonderheiten: Manche *Alocasia*-Arten sind in Asien Nutzpflanzen.

Platzierung: Wohnräume, Bad (feucht-warm)

30–60 cm   30–70 cm   50–60 cm

Beliebte Klassiker

Anthurium-Hybriden
Flamingoblume

Arten und Sorten: *Anthurium-scherzerianum*-Hybriden: schmale Blätter, mittelgroße Blütenstände, Spatha matt, Kolben dünn, oft spiralig gedreht, Blütezeit Januar bis Mai; *Anthurium-andreanum*-Hybriden: größere Blätter, Spatha glänzend, in vielen Farben, gedrungener Kolben, Blütezeit ganzjährig

Aussehen: Blütenstände mit Scheide (Spatha) und Kolben

Pflege: Ganzjährig Zimmertemperatur über 18 °C, gleichmäßig feucht halten. Braucht hohe Luftfeuchtigkeit, Pflanzen aber nicht direkt einsprühen.

Besonderheiten: Bei zu trockener Luft anfällig für Spinnmilben; gut für Hydrokultur geeignet.

Platzierung: Wohnräume, Bad (feuchtwarm)

Araucaria heterophylla
Zimmertanne, Norfolktanne

Aussehen: ebenmäßiger Wuchs mit geradem Stamm und in Etagen angeordneten Ästen, dunkelgrüne Benadelung

Pflege: Benötigt hellen und luftigen Standort mit Licht von allen Seiten; bei einseitigem Lichteinfall wächst sie schief. Im Sommer ins Freie stellen. Im Winter kühl bei höchstens 10 °C stellen und fast trocken halten. Verträgt kein hartes Wasser. Azaleendünger verwenden.

Besonderheiten: am Naturstandort auf den Norfolkinseln im Stillen Ozean ein bis zu 60 m hoher Baum

Platzierung: Treppenhaus/Vorraum, Wintergarten (kühl)

Ardisia crenata
Gewürzbeere, Spitzblume

Blütezeit: ab Ende Mai

Aussehen: weiße Blütchen in Dolden; rote Beeren, die etwa 1 Jahr lang hängen bleiben; Wuchs: bäumchenartig, dunkelgrüne, ledrige Blättern mit gewelltem Rand

Pflege: Zimmertemperatur, im Winter etwas niedriger bei 16–18 °C. Gleichmäßig feucht halten, für möglichst hohe Luftfeuchtigkeit sorgen. Im Sommer wöchentlich düngen. Überstehende Triebe im Frühjahr zurückschneiden

Besonderheiten: Beerenansatz ist bei Zimmerkultur schlecht, am besten beerentragende Exemplare kaufen.

Platzierung: Wohnräume, Wintergarten

20–60 cm | bis 250 cm | 25–100 cm

Die Erläuterungen zu den Symbolen finden Sie auf Seite 2.

Die schönsten Zimmerpflanzen im Porträt

Asparagus densiflorus

Zierspargel

Arten und Sorten: *Asparagus densiflorus* 'Sprengeri': bogig überhängende Triebe; *A. densiflorus* 'Myersii' ('Meyeri'): aufrecht, dicht „benadelt"; *A. falcatus:* wüchsige Schlingpflanze mit sichelförmigen Scheinblättern; *A. setaceus:* federartige Triebe

Aussehen: Blattschmuckpflanze; die „Blätter" (Phyllocladien) sind umgebildete Seitensprosse, dicht besetzt mit nadelartigen Scheinblättchen; winzige weiße Blütchen entlang der Triebe, rote (giftige) Früchte.

Pflege: Im Sommer reichlich gießen und wöchentlich düngen, ins Freie stellen. Im Winter gleichmäßig feucht halten bei 15 °C, *A. falcatus* auch niedriger.

Besonderheiten: Bindegrün für Sträuße

Platzierung: Wohnräume, Wintergarten

Aspidistra elatior

Schusterpalme, Metzgerpalme

Arten und Sorten: 'Variegata' mit weißbunten Blättern, wenig düngen, braucht mehr Wärme als die Art

Aussehen: lange, frischgrüne Blätter aus dickfleischigen Rhizomen; unscheinbare rosafarbene Blüten im Erdreich nahe der Blattstiele

Pflege: Während des ganzen Jahres kühl stellen; wenig gießen, wenig düngen. Alle paar Jahre umtopfen, wenn der Ballen völlig durchwurzelt ist; Vermehrung durch Teilung.

Besonderheiten: eine der robustesten und ausdauerndsten Zimmerpflanzen

Platzierung: Treppenhaus/Vorraum, Schlafzimmer, Wintergarten (kühl)

Asplenium nidus

Nestfarn, Streifenfarn

Arten und Sorten: 'Cristatus' mit kammartigen Blättern; Hirschzungenfarn *(A. scolopendrium):* ungefiedert mit bis ca. 50 cm langen und 5 cm breiten Wedeln

Aussehen: Ungefiederter Farn mit lanzettlichen, glänzenden, apfelgrünen, fast lederartigen Blättern mit auffälliger, erhabener, brauner Mittelrippe; Blätter bilden Trichter

Pflege: ganzjährig Zimmertemperatur von optimal 18–24 °C, möglichst hohe Luftfeuchtigkeit, verträgt auch trockenere Luft; humoses Substrat mit einem pH-Wert zwischen 5 und 6

Platzierung: Wohnräume, Bad (feuchtwarm)

20–80 cm · 40–80 cm · 50–70 cm

Die Erläuterungen zu den Symbolen finden Sie auf Seite 2.

Beliebte Klassiker

Begonia-Arten und -Hybriden

Blattbegonien

Arten und Sorten: *Begonia-rex*-Hybriden, *B.-boweri*-Hybriden, *B. masoniana* 'Iron Cross', *B.-corallina*-Hybriden: hoher Wuchs, lachsrosafarbene Blüten

Aussehen: Blattschmuckpflanze mit asymmetrischen, interessant geformten und gefärbten, auffällig gezeichneten Blättern; unscheinbare, cremefarbene Blüten

Pflege: Ganzjährig bei Zimmertemperatur 18–21 °C, luftig stellen. Gleichmäßig feucht halten – zu viel Nässe führt zu Wurzelfäulnis, Austrocknen schadet ebenfalls.

Besonderheiten: Lassen sich leicht durch Blatt- oder Kopfstecklinge bzw. aus Teilen des Rhizoms vermehren.

Platzierung: Wohnräume, Bad, Wintergarten

Billbergia nutans

Zimmerhafer

Blütezeit: Spätsommer bis Winter

Aussehen: Horstartiger Wuchs mit Rosetten aus schmalen, bogig überhängenden Blättern, am Rand stachelspitzig. Überhängender Blütenstand entspringt aus der Mitte der Rosette, erinnert entfernt an Hafer, eingehüllt von rosafarbenen Hochblättern, eigentliche Blüten mit langen rosafarbenen und grünen, blau gerandeten Blütenblättern.

Pflege: Anpassungsfähig an Temperatur: von 10 °C bis zu hoher Zimmertemperatur; gleichmäßig feucht halten.

Besonderheiten: Lässt sich gut über Kindel vermehren.

Platzierung: Wohnräume, Wintergarten, Treppenhaus

Blechnum gibbum

Rippenfarn

Aussehen: palmenartiger Wuchs, lange Wedel in regelmäßigen Rosetten angeordnet

Pflege: Ganzjährig warm und bei hoher Luftfeuchtigkeit, im Winter über 18 °C; verträgt keinen kalten Fuß und keine Zugluft. Ballen darf nicht austrocknen; mit enthärtetem Wasser gießen. In humoses, saures Substrat topfen.

Besonderheiten: Bei älteren Exemplaren entsteht durch Abstoßen der unteren Blätter ein Stamm.

Platzierung: Wohnräume, Wintergarten (feucht-warm)

15–180 cm   40–60 cm   50–100 cm

Die Erläuterungen zu den Symbolen finden Sie auf Seite 2.

Die schönsten Zimmerpflanzen im Porträt

Brachychiton rupestris

Flaschenbaum, Glücksbaum

Aussehen: Stamm am Fuß flaschenförmig verdickt, nach und nach schieben sich die Pfahlwurzeln aus der Erde heraus, sodass die Pflanze wie auf Stelzen steht. Die graugrünen Blätter sind zunächst gefingert, an älteren Exemplaren lanzettlich.

Pflege: Zimmertemperatur, im Winter kühl bei ca. 10 °C, luftig; sparsam gießen, im Winter noch weniger, verträgt Trockenheit. Von Frühjahr bis Herbst alle zwei bis vier Wochen schwach düngen. Zu lange Triebe zurückschneiden.

Besonderheiten: Bizarrer Wuchs, wächst in der australischen Heimat als ca. 15 m hoher Baum.

Platzierung: Wohnräume, Wintergarten

*Caladium-bicolor-*Hybriden

Kaladie, Buntwurz, Buntblatt

Arten und Sorten: *Caladium lindenii*: pfeilförmige Blätter mit auffallender weißer Aderung

Aussehen: Blattschmuckpflanze; lang gestielte, pfeilförmige Blätter mit Zeichnung oder Marmorierung in Weiß, Grün, Rosa, Rot; unscheinbare Blüten im April bis Mai; Blätter schieben alljährlich aus Wurzelknolle.

Pflege: Sehr anspruchsvoll; braucht während des Wachstums vom Frühjahr bis zum Hochsommer Wärme (optimal 22–25 °C) und hohe Luftfeuchtigkeit. Im Herbst sterben die Blätter ab. Knollen trocken bei über 20 °C überwintern, im Frühjahr neu topfen.

Platzierung: Wohnräume, Bad, Wintergarten (feucht-warm)

Calathea makoyana

Korbmarante

Arten und Sorten: *Calathea crocata*: mit safrangelben Blüten im Januar bis Februar; *C. lancifolia*; *C. zebrina*: hellgrün gezeichnet

Aussehen: länglich ovale Blätter auf unterschiedlich langen Stielen, cremefarben mit dunkelgrüner bis braun-olivfarbener Zeichnung

Pflege: Sehr anspruchsvoll; braucht im Sommer Wärme und hohe Luftfeuchtigkeit, öfters einsprühen. In Ruhephase im Herbst etwas trockener und kühler halten bei mindestens 18 °C und höchstens 10 Stunden Licht am Tag. Mit enthärtetem Wasser gießen, verträgt keinen „kalten Fuß".

Platzierung: Wohnräume, Bad (feucht-warm)

50–100 cm 30–70 cm 20–50 cm

Die Erläuterungen zu den Symbolen finden Sie auf Seite 2.

Beliebte Klassiker

Castanospermum australe

Australische Zimmerkastanie

Aussehen: Hülsenfrüchtler mit baumartigem Wuchs, der aufrechte Trieb entspringt aus einer großen Bohne; Blätter unpaarig gefiedert mit fünf bis sieben glänzend grünen Fiederblättern.

Pflege: Benötigt Zimmertemperatur bei möglichst hoher Luftfeuchtigkeit, im Winter nicht unter 10 °C. Junge Pflanze zieht über Monate Nährstoffe aus der Bohne, ältere Pflanzen von Frühjahr bis Herbst wöchentlich düngen.

Besonderheiten: Wächst in Australien als bis zu 35 m hoher Baum. Bei Handelsware stehen meist mehrere Pflanzen zusammen in einem Topf.

Platzierung: Wohnräume, Wintergarten

Citrus madurensis

Calamondin-Orange

Arten und Sorten: Pomeranze, Bitterorange *(Citrus aurantium)*; Myrtenblättrige Pomeranze *(Citrus aurantium* var. *myrtifolia)*; Zitrone *(Citrus limon)*; Kumquat *(Fortunella japonica)*

Aussehen: sparriger Busch oder Hochstämmchen; ledrige, stumpf-glänzende Blätter; weiße oder rosafarbene, intensiv duftende Blüten

Pflege: Ganzjährig bei Zimmertemperatur (andere Zitrusgewächse im Winter 10–12 °C); eisenhaltigen Dünger geben, um Chlorose vorzubeugen. In lehmige, nährstoffreiche Erde topfen. Im Sommer ins Freie stellen.

Besonderheiten: Blüht und fruchtet gleichzeitig, Früchte essbar.

Platzierung: Wohnräume, Wintergarten, Treppenhaus/Vorraum

Clivia miniata

Clivie, Riemenblatt

Blütezeit: Februar bis Mai

Aussehen: mennigeroter Blütenstand mit glöckchenförmigen Einzelblüten auf kräftigem Stängel, der zwischen den Blattscheiden austreibt; dicke, zweizeilig angeordnete, riemenartige, dunkelgrüne Blätter, die leicht bogig überhängen

Pflege: Unbedingt Ruhezeit einhalten, etwa ab September bis Januar, zu der Zeit kühl bei ca. 8–12 °C und trocken halten. Im Sommer ins Freie stellen. Alle drei bis vier Jahre nach der Blüte in nahrhafte, lehmhaltige Erde umtopfen.

Besonderheiten: Für bessere Standfestigkeit in Tontopf pflanzen.

Platzierung: Treppenhaus/Vorraum, Schlafzimmer, Wintergarten (kühl)

bis 200 cm — 30–150 cm — 40–70 cm

Die Erläuterungen zu den Symbolen finden Sie auf Seite 2.

Die schönsten Zimmerpflanzen im Porträt

Clusia major

Balsamapfel

Aussehen: Blattschmuckpflanze mit glänzenden, ledrigen, leicht gewellten, bis etwa 20 cm langen Blättern; ähnelt dem Gummibaum, verzweigt sich stärker. An älteren Pflanzen erscheinen cremeweiße oder zartrosafarbene, duftende Blüten

Pflege: Ganzjährig warm, im Winter nicht unter 18 °C, luftig stellen. Gleichmäßig feucht halten, für hohe Luftfeuchtigkeit sorgen. Stutzen fördert die Verzweigung.

Besonderheiten: für Hydrokultur geeignet

Platzierung: Wohnräume, Wintergarten

Codiaeum variegatum

Kroton, Wunderstrauch

Aussehen: Strauch mit ledrigen, glänzenden Blättern; unterschiedliche Blattformen, länglich und breit, teils korkenzieherartig in sich gedreht; oft rosa, rot, gelb oder cremefarben geädert, gefleckt, marmoriert oder gesprenkelt

Pflege: Braucht Wärme und hohe Luftfeuchtigkeit, auch im Winter; empfindlich gegen Zugluft und Luft- und Ballentrockenheit. Wurzelballen immer feucht halten. Im Sommer reichlich gießen und ins Freie stellen.

Besonderheiten: Der Milchsaft ist giftig und kann allergische Reaktionen hervorrufen.

Platzierung: Wohnräume, Wintergarten (feucht-warm)

Coffea arabica

Kaffeestrauch

Blütezeit: Sommer

Aussehen: bäumchenartiger Wuchs mit waagerecht abstehenden Zweigen, dunkelgrüne, glänzende Blätter mit leicht gewelltem Rand; sternförmige, duftende, weiße Blüten in den Blattachseln, Blüten- und Fruchtbildung bei Zimmerkultur selten

Pflege: Braucht viel Wärme (optimal 22–30 °C) und hohe Luftfeuchtigkeit, häufig übersprühen; auch während Ruhephase von Oktober bis Februar nicht unter 18 °C. Mit weichem Wasser gießen, im Sommer wöchentlich düngen.

Platzierung: Wohnräume, Bad, Wintergarten (feucht-warm)

bis 180 cm | 50–200 cm | bis 150 cm

Die Erläuterungen zu den Symbolen finden Sie auf Seite 2.

Beliebte Klassiker

Cordyline terminalis

Keulenlilie

Arten und Sorten: 'Bicolor', 'Liliput', 'Red Edge'

Aussehen: elegante Blattschmuckpflanze mit stammartiger Basis und breit lanzettlichen, gestielten, bis zu 50 cm langen Blättern; je nach Sorte weiß, gelb oder rot gestreift oder gefleckt

Pflege: Ganzjährig warm (über 18 °C) bei möglichst hohe Luftfeuchtigkeit, häufig übersprühen. Wurzelballen immer feucht halten, aber keine stauende Nässe; Vermehrung über Kopf- und Stammstecklinge.

Besonderheiten: Der Name rührt von den keulenförmigen Speicherknollen an den Wurzeln her.

Platzierung: Wohnräume, Wintergarten (feucht-warm)

Corokia cotoneaster

Zickzackstrauch

Blütezeit: Spätwinter

Aussehen: Strauch mit zickzackartig wachsenden Ästchen, junge Triebe flaumig-weiß behaart, später dunkel; spatelförmige Blättchen, oberseits dunkelgrün, unterseits weißfilzig behaart; sternförmige, leicht duftende, gelbe Blütchen

Pflege: Im Winter kühl (ca. 5–10 °C) und luftig stellen, sparsam gießen. Im Sommer am besten im Freien aufstellen und Wurzelballen nur leicht feucht halten, verträgt keine Staunässe. Junge Pflanzen für gute Verzweigung stutzen.

Besonderheiten: Hartriegelgewächs aus Neuseeland

Platzierung: Treppenhaus/Vorraum, Wintergarten (kühl)

Crossandra infundibuliformis

Crossandra, Fransenbeutel

Arten und Sorten: 'Mona Wallhed': lachsfarbene Blüten

Blütezeit: Frühjahr bis Herbst

Aussehen: buschiger Wuchs, glänzende, dunkelgrüne Blätter; lachsrosa oder orangefarbene Blüten

Pflege: Ganzjährig warm stellen, nicht unter 18 °C, hohe Luftfeuchtigkeit. Gießen mit weichem, zimmerwarmem Wasser. Ruhezeit Oktober bis Februar; umtopfen vor Erscheinen der Blütenknospen im Frühjahr. Während Wachstumszeit wöchentlich düngen. Stutzen regt zu besserer Verzweigung an; Rückschnitt nach Blüte. Bei Lufttrockenheit anfällig für Schädlinge.

Platzierung: Wohnräume, Bad, Wintergarten (feucht-warm)

50–100 cm • 30–80 cm • 40–60 cm

Die Erläuterungen zu den Symbolen finden Sie auf Seite 2.

Die schönsten Zimmerpflanzen im Porträt

Cryptanthus-Arten

Erdstern, Versteckblüte

Arten und Sorten: *Cryptanthus bromelioides* 'Tricolor'; *C. fosterianus;* weiße, unregelmäßige Querbänderung

Aussehen: rosettenförmiger Wuchs, breit lanzettliche, derbe und schuppige Blätter mit Längszeichnung in Grün- und Rosatönen, teils mit Weiß; unscheinbare weiße Blüten im Inneren der Rosette

Pflege: Ganzjährig warm bei 20–22 °C, im Winter mindestens ca. 18 °C; gleichmäßig feucht halten, im Winter sparsam gießen.

Besonderheiten: Bildet Kindel aus, die sich von selbst ablösen.

Platzierung: Wohnräume, Bad, Wintergarten (feucht-warm)

Curcuma alismatifolia

Safranwurz

Blütezeit: Sommer

Aussehen: Staude, die straff aufrecht wachsenden, lanzettlichen, dunkelgrünen Blätter entspringen aus Rhizomen; aufrechte Blütenstängel mit auffallenden weißen, rosa- oder pinkfarbenen Hochblättern, die unscheinbare weiße Blüten umschließen.

Pflege: Während Wachstumszeit warm (ca. 20 °C), mäßig feucht halten, häufig übersprühen. Im Sommer ins Freie stellen. Blätter ziehen nach Blüte ein; Knollen während Ruhezeit trocken und dunkel bei ca. 15 °C lagern.

Platzierung: Wohnräume, Wintergarten (feucht-warm)

Cycas revoluta

Palmfarn

Aussehen: Dicker, walzenförmiger Stamm, aus dem sich kranzartig dunkelgrüne Wedel erheben (bei jungen Pflanzen ca. 50 cm lang, bei älteren bis ca. 200 cm); Blätter von Wachsschicht überzogen, die vor Verdunstung schützt.

Pflege: Benötigt Zimmertemperatur oder wärmer, im Winter bei 15–18 °C. Anspruchslos, verträgt trockene Zimmerluft und vorübergehend Trockenheit. Im Sommer reichlich gießen und wöchentlich organisch düngen. Im Sommer ins Freie stellen.

Besonderheiten: Wächst langsam, eine der ältesten Pflanzen auf der Welt.

Platzierung: Wohnräume, Wintergarten

15–20 cm   40–80 cm   20–200 cm

Beliebte Klassiker

Cyperus-Arten

Zypergras, Papyrus

Arten und Sorten: *Cyperus alopecuroides, C. alternifolius:* 100 cm, *C. gracilis:* 30 cm; *C. papyrus:* 200 cm

Aussehen: Büschelartiger Wuchs, auf langen Halmen schirmartige Kronen aus schmalen Blättern; in der Mitte der Schirmchen sitzen weiße Blütchen.

Pflege: Stand ganzjährig bei 20–25 °C oder wärmer, im Winter mindestens bei 14 °C, wünscht hohe Luftfeuchtigkeit. Die Sumpfpflanze braucht ständig einen nassen Fuß, braune Blattspitzen bei hartem oder zu saurem Wasser.

Besonderheiten: Vermehrung von *C. alternifolius* durch Einstellen der Schirmchen in Wasser

Platzierung: Bad, Wintergarten (feucht-warm)

Dieffenbachia-Arten und Hybriden

Dieffenbachie

Aussehen: Wuchs: staudig mit breit-ei-förmigen Blättern auf Stielen, je nach Art und Sorte mit unterschiedlicher cremeweißer oder gelber Zeichnung

Pflege: Ganzjährig warmer Stand (optimal über 20 °C) und hohe Luftfeuchtigkeit, Zugluft vermeiden. Gleichmäßig feucht halten, mit weichem, zimmerwarmem Wasser gießen, von Frühjahr bis Herbst wöchentlich düngen. Blätter gelegentlich abwaschen. Während Ruhezeit im Winter trockener. Evtl. erscheinende Blüten ausbrechen.

Besonderheiten: Giftiger, schleimhautreizender Milchsaft; für Hydrokultur geeignet

Platzierung: Wohnräume, Wintergarten (feucht-warm)

Dionaea muscipula

Venusfliegenfalle

Aussehen: Wuchs: Rosettenartig, die Blattspreite ist zu den charakteristischen klappenartigen Fallen verbreitert. Beide Klappen sind am Rand mit steifen Wimpern versehen, die sich beim Zusammenklappen ineinander verhaken und so die Falle schließen.

Pflege: Unbedingt kühl und bei hoher Luftfeuchtigkeit aufstellen, im Winter bei 5-12 °C. Mit weichem Wasser gießen. In torfhaltiges Substrat mit niedrigem pH-Wert pflanzen, ideal für Pflanzenglas oder Flaschengarten.

Besonderheit: Fleischfressende Pflanze, berührt ein Insekt ein Borstenhaar auf der Innenseite der Blattklappen, schnappt die Falle zu.

Platzierung: Schlafzimmer, Wintergarten (kühl)

30–200 cm | 40–160 cm | 5–10 cm

Die Erläuterungen zu den Symbolen finden Sie auf Seite 2.

Die schönsten Zimmerpflanzen im Porträt

Dracaena-Arten

Drachenbaum, Drachenlilie

Arten und Sorten: *Dracaena draco:* tiefdunkelgrün; *D. fragrans:* breit-lanzettliche, grün-gelb oder grün-weiß gestreifte Blätter, duftende Blüten; *D. marginata:* schlanker Stamm, feine dunkelgrüne Blätter mit rotem Rand; *D. marginata* 'Tricolor'

Aussehen: Bildet Stamm, Blattschöpfe aus meist schmalen, spitz zulaufenden Blättern.

Pflege: Stand ganzjährig warm, nicht unter 16 °C, verträgt Lufttrockenheit, Staunässe vermeiden. Im Sommer ins Freie stellen. Zu hoch gewordene Pflanzen verjüngen.

Besonderheiten: Vegetative Vermehrung aus Kopf- oder Stammstecklingen

Platzierung: Wohnräume, Wintergarten

Elettaria cardamomum

Blattkardamom

Aussehen: staudiger Wuchs, aufrechte Blatttriebe, Blätter zunächst tütenartig zusammengerollt, schmal-lanzettlich, spitz zulaufend

Pflege: Anspruchslos, kann ganzjährig warm stehen oder kühl überwintern. Vorübergehendes Austrocknen des Wurzelballens schadet nicht. Vom Frühjahr bis Herbst mäßig feucht halten und alle zwei Wochen düngen.

Besonderheiten: Aromatische Blätter mit zimtigem Kardamomaroma, lassen sich für Teeaufgüsse nutzen.

Platzierung: Wohnräume, Küche, Wintergarten

x *Fatshedera lizei*

Efeuaralie

Arten und Sorten: 'Variegata': unregelmäßig weiß gerandete Blätter

Aussehen: Drei- bis fünffach geteilte Blätter auf kurzen Stielen, rötlicher Austrieb, muss gestützt werden.

Pflege: Wünscht kühlen Stand und gleichmäßige Feuchte. Durch häufiges Stutzen die Pflanze zu buschigem Wuchs anregen, benötigt nährstoffreiches, durchlässiges Pflanzsubstrat, durch Kopfstecklinge vermehrbar.

Besonderheiten: Kreuzung aus Aralie *(Fatsia japonica)* und Efeu *(Hedera hibernica)*; gut für Hydrokultur geeignet.

Platzierung: Treppenhaus/Vorraum, Wintergarten (kühl)

30–300 cm 40–60 cm 60–120 cm

Die Erläuterungen zu den Symbolen finden Sie auf Seite 2.

Beliebte Klassiker

Fatsia japonica

Zimmeraralie

Aussehen: auffallend durch glänzende, bis 40 cm breite 7- bis 9-lappige Blätter auf langen Stielen

Pflege: Im Winter kühl und luftig bei 5–10 °C stellen, buntblättrige Sorten wärmer. Im Sommer reichlich gießen, wöchentlich düngen, eventuell an einen geschützten Platz ins Freie stellen. Jährlich in durchlässiges Substrat umtopfen.

Besonderheiten: Kopfstecklinge ziehen in Wasser schnell Wurzeln; gut für Hydrokultur geeignet.

Platzierung: Treppenhaus/Vorraum, Wintergarten (kühl)

Ficus benjamina

Birkenfeige

Arten und Sorten: panaschierte Formen

Aussehen: strauch- bis baumartiger Wuchs mit elegant überhängenden Zweigen; kleine, ledrige, glänzende Blätter, eiförmig mit kleiner Spitze

Pflege: Anspruchslos, wünscht ganzjährig Zimmertemperatur, nicht unter 18 °C. Gleichmäßig feucht halten. Blätter gelegentlich abwaschen oder Blattglanzspray verwenden. Durch Kopfstecklinge oder Abmoosen leicht zu vermehren.

Besonderheiten: weißer Milchsaft; für Hydrokultur geeignet

Platzierung: Wohnräume, Wintergarten

Ficus-Arten

Gummibaum

Arten und Sorten: *Ficus elastica*: Gummibaum, hellrote Blattscheiden, 'Doescherii', auch panaschierte Formen; *Ficus lyrata*: Geigenfeige; *F. rubiginosa*: braunrotes Laub

Aussehen: baumförmiger Wuchs, große, ledrige, glänzende Blätter

Pflege: Gedeiht ganzjährig bei Zimmertemperatur, nicht unter 18 °C, gleichmäßig feucht halten. Blätter im Winter abwaschen oder Blattglanzspray verwenden; durch Kopfstecklinge oder Abmoosen vermehrbar.

Besonderheiten: Rückschnitt regt Verzweigung an; für Hydrokultur geeignet.

Platzierung: Wohnräume, Wintergarten

60–200 cm   bis 350 cm   bis 350 cm

Die Erläuterungen zu den Symbolen finden Sie auf Seite 2.

Fittonia-Arten

Fittonie

Arten und Sorten: *Fittonia verschaffeltii* 'Argyroneura': grün, weiß geadert, 'Pearcei': rot geadert

Aussehen: Bodendeckerpflanze mit kriechendem Wuchs; herzförmig-ovale Blätter mit feiner Blattzeichnung durch helle Blattadern

Pflege: Braucht ganzjährig Zimmertemperatur oder wärmer, im Winter 16–18° C, möglichst hohe Luftfeuchtigkeit. Lässt sich leicht über Kopfstecklinge vermehren.

Platzierung: Bad, Wintergarten (feuchtwarm)

Gardenia jasminoides

Gardenie

Blütezeit: Juli bis Oktober

Aussehen: weiße oder gelbe gefüllte Blüten, stark duftend; Wuchs: buschig, auch als Hochstämmchen; glänzend dunkelgrüne, ledrige Blätter

Pflege: Benötigt während der Ruhezeit im Winter 10–16 °C, etwas weniger gießen. Während der Knospenbildung kein Temperatur- und Standortwechsel, häufig einsprühen. In Azaleenerde pflanzen; mit enthärtetem, temperiertem Wasser gießen; empfindlich gegen „kalte Füße". Im Sommer ins Freie stellen.

Besonderheiten: Blüten zur Aromatisierung von Grünem Tee („Jasmintee") verwendbar

Platzierung: Treppenhaus/Vorraum, Schlafzimmer, Wintergarten

Grevillea robusta

Australische Silbereiche

Aussehen: baumartiger Wuchs; farnartig gefiedertes Laub, leicht bronzefarbig bis grünsilbrig überhaucht

Pflege: Eher kühl und luftig stellen, im Winter bei 6–15 °C. Mit enthärtetem Wasser gießen; in humoses, lehmhaltiges und saures Substrat pflanzen. Im Sommer möglichst ins Freie stellen, wöchentlich düngen.

Besonderheiten: In ihrer australischen Heimat wächst die Silbereiche bis etwa 35 m hoch.

Platzierung: Treppenhaus/Vorraum, Wintergarten (kühl)

10–15 cm 60–150 cm 50–100 cm

Beliebte Klassiker

Guzmania-Hybriden

Guzmanie

Arten und Sorten: zahlreiche Sorten mit unterschiedlicher Wuchshöhe; Blütenstand teils mit auffallenden, sternförmig angeordneten orangeroten oder roten Hochblättern; Blätter einfarbig, gebändert oder gestreift

Blütezeit: November bis Januar

Aussehen: trichterförmige, blattreiche Rosette, aus der sich der Blütenstand erhebt

Pflege: Ganzjährig warm stellen, im Winter mindestens 18 °C. Gleichmäßig feucht halten, gelegentlich übersprühen; Ruhezeit nach der Blüte.

Besonderheiten: giftig durch Haut reizende Inhaltsstoffe

Platzierung: Wohnräume, Bad, Wintergarten (feucht-warm)

Hibiscus rosa-sinensis

Hibiskus, Roseneibisch

Blütezeit: März bis Oktober

Aussehen: sehr auffallende einfache, halb gefüllte oder gefüllte Blüten in prächtigen Farben: kräftiges Rot, Rotviolett, Pink und vielen anderen Mischungen aus Weiß, Gelb und Rot; Wuchs: buschig als Strauch, auch als Hochstämmchen

Pflege: Warm bei Zimmertemperatur, möglichst hohe Luftfeuchtigkeit; im Winter ca. 16–18 °C; während der Wachstumszeit kräftig gießen und wöchentlich düngen, Wurzelballen feucht halten. Im Frühjahr kräftig zurückschneiden. Hibiskus reagiert auf Standortwechsel und Pflegefehler oft mit Knospenfall.

Platzierung: Wohnräume, Wintergarten

Homalocladium platycladum

Bandbusch

Blütezeit: Frühsommer

Aussehen: Dekorativer Solitär; frischgrüne, biegsame, bandartig verbreitert Triebe, Bänder in Segmente eingeteilt; eigentliche Blätter klein, lanzettlich; kleine gelbe Blütchen an den Trennlinien der Segmente

Pflege: Zimmertemperatur oder kühler bei bis zu 5 °C. Widerstandsfähig gegen Temperaturschwankungen. Im Sommer ins Freie stellen, reichlich gießen und wöchentlich düngen. Rückschnitt im Frühjahr; gut aus Stecklingen zu vermehren.

Besonderheiten: pflegeleicht, Fruchtbildung

Platzierung: Wohnräume, Treppenhaus/Vorraum, Wintergarten

30–60 cm 50–200 cm bis 200 cm

Die Erläuterungen zu den Symbolen finden Sie auf Seite 2.

Die schönsten Zimmerpflanzen im Porträt

Hypoestes phyllostachya

Punktblume

Aussehen: Wuchs ähnlich wie Buntnessel mit gegenständigen Blattpaaren, die dicht übereinanderstehen; Blätter in verschiedenen Rosa- oder Rottönen oder Cremeweiß, dunkelgrün geadert oder gefleckt; blassblaue Blütchen in den Blattachseln

Pflege: Ganzjährig bei Zimmertemperatur oder wärmer stellen, im Winter mindestens 18 °C. Vom Frühjahr bis zum Herbst wöchentlich düngen. Am besten jedes Jahr neue Pflanzen aus Kopfstecklingen heranziehen.

Besonderheiten: Blattschmuckpflanze; in mildem Klima auch als Sommerblume im Garten

Platzierung: Küche, Bad, Wintergarten

Ixora coccinea und *-Hybriden*

Ixora, Dschungelbrand

Blütezeit: Frühjahr bis Herbst

Aussehen: Wuchs ähnelt Zitrusbäumchen; glänzende, dunkelgrüne, ledrige Blätter; Blütenstand mit leuchtendroten, lachsroten, orangefarbenen oder gelben Einzelblüten.

Pflege: Heller Platz, jedoch vor direkter Sonneneinstrahlung schützen. Im Sommer für gleichbleibend hohe Temperaturen von über 17 °C (im Winter 15–18 °C) und hohe Luftfeuchtigkeit sorgen; bei schlechten Standortbedingungen Gefahr durch Befall mit Schildläusen. Sparrig gewachsene Pflanzen nach der Blüte im Herbst zurückschneiden.

Besonderheiten: verwandt mit der Kaffeepflanze

Platzierung: Wohnräume, Wintergarten (feucht-warm)

Justicia brandegeana

Zimmerhopfen

Arten und Sorten: *Justicia carnea*: Kardinalshut, auffallend rosafarbene, aufrecht stehende Blüten; *J. rizzinii*: röhrenförmig gelb-rote Blüten, verträgt niedrige Temperatur.

Blütezeit: fast ganzjährig

Aussehen: strauchförmiger, verzweigter Wuchs; eiförmige, ganzrandige Blätter; weiße Blüten mit auffälligen gelben oder roten Deckblättern

Pflege: Benötigt Zimmertemperatur, im Winter je nach Art etwas kühler. Gleichmäßig feucht halten und für hohe Luftfeuchtigkeit sorgen. Leicht saures Pflanzsubstrat verwenden.

Platzierung: Wohnräume, Wintergarten

5–20 cm

50–100 cm

40–100 cm

Die Erläuterungen zu den Symbolen finden Sie auf Seite 2.

Beliebte Klassiker

Maranta leuconeura

Marante

Medinilla magnifica

Medinille

Monstera deliciosa

Fensterblatt

Arten und Sorten (Zimmerkultur): 'Kerchoviana': smaragdgrün mit dunkelgrün-brauner Zeichnung; 'Erythroneura': bräunlich-oliv mit hellgrünen Aufhellungen entlang der Mittelrippe

Aussehen: Aus zunächst zusammengerollten Blattscheiden entfalten sich länglich-ovale Blätter mit interessanter Zeichnung in Grün- und Rottönen und kontrastierenden Blattadern und Flecken.

Pflege: Ganzjährig warm (18–22 °C) bei hoher Luftfeuchtigkeit stellen; Ballen im Sommer feucht, im Winter fast trocken halten.

Besonderheiten: Bei zu trockener Luft werden Blattspitzen braun.

Platzierung: Wohnräume, Wintergarten (feucht-warm)

Blütezeit: Frühjahr bis Sommer

Aussehen: überhängende rosa Blüten in Rispen; Wuchs: strauchförmig mit geflügelten Ästen; ovale, geaderte, ledrige, bis 30 cm lange Blätter

Pflege: Ganzjährig warm bei über 20 °C und hoher Luftfeuchtigkeit stellen, während Ruhepause im Winter bei 12–15 °C. Ballen immer ausreichend feucht halten, im Winter trockener. Von Frühjahr bis Herbst wöchentlich düngen; verträgt keinen Standortwechsel.

Besonderheiten: auffallende Blütenrispen

Platzierung: Wohnräume, Wintergarten (feucht-warm)

Arten und Sorten: 'Variegata' mit panaschierten Blättern; *M. obliqua*: typische Löcherung am Rand der Blätter

Aussehen: buschiger bis kletternder Wuchs; Blätter ledrig, glänzend, bei jungen Pflanzen ganzrandig, bei älteren Pflanzen tief eingeschnitten; lange Luftwurzeln, die nicht abgeschnitten werden dürfen

Pflege: Robust; ganzjährig warm stellen, im Winter auch bis 15 °C. Verträgt trockene Luft; Blätter gelegentlich abwaschen. Im Sommer wöchentlich düngen. Bei zu dunklem Stand keine typische Fensterung.

Besonderheiten: enthält haut- und schleimhautreizende Stoffe

Platzierung: Wohnräume, Wintergarten

20–120 cm

50–100 cm

60–200 cm

Die Erläuterungen zu den Symbolen finden Sie auf Seite 2.

Die schönsten Zimmerpflanzen im Porträt

Musa acuminata

Zierbanane

Aussehen: Staude mit baumartigem Wuchs und langen, wedelartigen, mattgrünen Blättern, die oft vom Rand her aufschlitzen. Der sogenannte „Stamm" entsteht durch übereinander liegende Blattscheiden. Bildet verzweigte Wurzelausläufer und lässt sich gut teilen.

Pflege: Braucht ganzjährig Zimmertemperatur über 20 °C und möglichst hohe Luftfeuchtigkeit. Kräftig gießen und wöchentlich düngen. Für luftigen Stand sorgen; im Sommer ins Freie stellen.

Besonderheiten: Unter guten Bedingungen blüht und fruchtet die Pflanze.

Platzierung: Wohnräume, Wintergarten (feucht-warm)

Myrtus communis

Brautmyrte

Blütezeit: Frühjahr bis Sommer

Aussehen: sternförmige, weiße Blütchen; Wuchs: buschartig mit kleinen, länglich-spitzen, etwas ledrigen Blättern

Pflege: Mit enthärtetem Wasser gießen, im Sommer ins Freie stellen und wöchentlich düngen. Kühl und luftig überwintern bei 5–10 °C, kaum gießen. Schnittverträglich; regelmäßiges Stutzen fördert buschigen Wuchs.

Besonderheiten: Eine der ältesten Zimmerpflanzen, hat duftende Blätter. Die Bräute schmückten sich in früheren Zeiten bei der Hochzeit mit einem Myrtenkranz.

Platzierung: Treppenhaus/Vorraum, Wintergarten (kühl)

Neoregelia carolinae

Nestananas

Arten und Sorten: 'Tricolor': Blätter gelblich-weiß-grün gestreift

Aussehen: rosettenartiger Wuchs, flach ausgebreitet; Blattenden abgerundet mit kleiner Spitze; meist feuerrot gefärbte Herzblätter, die den unscheinbaren scheibenförmigen Blütenstand umgeben

Pflege: Ganzjährig warm stellen, im Winter bis ca. 18 °C bei hoher Luftfeuchtigkeit. Gleichmäßig feucht halten, in den Trichter gießen. Leicht saure Blumenerde verwenden.

Platzierung: Wohnräume, Bad, Wintergarten (feucht-warm)

50–200 cm · 30–150 cm · 20–30 cm

Die Erläuterungen zu den Symbolen finden Sie auf Seite 2.

Beliebte Klassiker

Nephrolepis exaltata
Schwertfarn

Arten und Sorten: 'Teddy Junior': starkwüchsig; 'Bornstedt'

Aussehen: lange schwertförmige, leicht überhängende Wedel, je nach Sorte mit gewellten oder gedrehten Fiedern

Pflege: Braucht ganzjährig hohe Luftfeuchtigkeit und Temperaturen um 18 °C. Bei zu trockener Luft werden die Wedel braun. In saures, humoses Substrat pflanzen. Im Sommer mäßig feucht halten, wöchentlich düngen.

Besonderheiten: Die Ausläufer bildende Art lässt sich leicht durch Teilung vermehren. Der beste Zimmerfarn, dekorativ als Solitär!

Platzierung: Wohnräume, Bad, Wintergarten (feucht-warm)

Pachira aquatica
Pachira, Flaschenbaum

Aussehen: baumartiger Wuchs mit wasserspeicherndem Stamm; dekorative, handförmig geteilte, dunkelgrüne Blätter

Pflege: Anspruchslos, gedeiht bei Zimmertemperatur und möglichst hoher Luftfeuchtigkeit, verträgt im Winter tiefere Temperaturen bis 12 °C. Wenig gießen; sparsam, etwa einmal monatlich düngen.

Besonderheiten: Im Blumenhandel werden Exemplare mit dekorativ geflochtenen Stämmen angeboten.

Platzierung: Wohnräume, Wintergarten

Pandanus-Arten
Schraubenbaum

Arten und Sorten: *Pandanus sanderi*: weiße oder hellgrüne Längsstreifen; *P. veitchii*: gelbliche Längsstreifen

Aussehen: Junge Pflanzen ähneln dem Drachenbaum; bei älteren Pflanzen bilden sich Stelz- oder Stützwurzeln, die die Pflanze über den Topf hinaus erheben. Die Blätter sind riemenartig schmal, je nach Art 1–2 m lang, teils mit Längsstreifen; Seitensprosse oberhalb der Stelzen.

Pflege: Ganzjährig im Zimmer halten, bei Temperaturen über 18 °C; eher trocken. Im Sommer wöchentlich düngen.

Besonderheiten: sehr widerstandsfähig gegenüber Schädlingen

Platzierung: Wohnräume, Wintergarten

50–80 cm   50–100 cm   50–150 cm

Die Erläuterungen zu den Symbolen finden Sie auf Seite 2.

Die schönsten Zimmerpflanzen im Porträt

Pelargonium-Arten

Duftpelargonie

Arten und Sorten: *Pelargonium capitatum*: rosenduftend; *P. crispum* und *P. odoratissiumum*: zitronenduftend; *P. graveolens*: Rosenpelargonie

Blütezeit: Frühjahr bis Herbst

Aussehen: Blüten klein mit teils auffallend geaderten Blütenblättern; Wuchs: buschig mit etwas sparrigen Trieben; Blätter ganzrandig, gewellt oder gefiedert

Pflege: Im Winter mäßig warm (um 10 °C) und fast trocken halten; im Sommer ins Freie stellen und etwas mehr gießen. Durch Rückschnitt zu guter Verzweigung anregen.

Besonderheiten: leicht durch Kopf- oder Triebstecklinge vermehrbar, robust

Platzierung: Wohnräume, Küche, Treppenhaus/Vorraum, Wintergarten

Peperomia-Arten

Zwergpfeffer

Arten und Sorten: viele Arten; z. B. *Peperomia caperata*: runzlige Blätter; *P. clusiifolia*: oft rötlich überhaucht; *P. rotundifolia*: rundliche, hellgrüne Blätter

Aussehen: niedrige, krautige Pflanze mit fleischigen Trieben und Blättern, einige Arten auch kletternd oder hängend; lange, walzenartige, weiße Blütenstände

Pflege: Die meisten Arten vertragen Wärme und trockene Luft. Im Winter für mindestens 18 °C sorgen. Sparsam gießen, damit es nicht zu Stängel- oder Blattfäule kommt.

Besonderheiten: Vermehrung durch Kopf-, Trieb- oder Blattstecklinge

Platzierung: Wohnräume, Küche, Bad

Philodendron-Arten

Baumfreund

Arten und Sorten: viele Arten; z. B. *Philodendron angustisectum* mit bis zu 70 cm langen, tief geschlitzten, glänzend dunkelgrünen Blättern

Aussehen: staudige Arten oder Kletterpflanzen, oft mit langen Luftwurzeln; Blätter sehr vielgestaltig, teils groß und glänzend, ganzrandig oder geschlitzt, einige Arten auch panaschiert

Pflege: Ganzjährig im Zimmer bei mindestens 16 °C halten, die meisten Arten vertragen Lufttrockenheit. Gleichmäßig feucht halten. Luftwurzeln nicht abschneiden!

Besonderheiten: Vermehrung durch Kopf- oder Stammstecklinge bzw. durch Abmoosen

Platzierung: Wohnräume, Wintergarten

30–50 cm

15–30 cm

50–250 cm

Beliebte Klassiker

Pisonia umbellifera
Pisonie

Arten und Sorten: Meist wird die buntblättrige Sorte 'Variegata' kultiviert.
Aussehen: strauchartiger Wuchs, ähnlich wie der klassische Gummibaum *Ficus elastica*; bis 40 cm lange grüne, grau und weiß marmorierte Blätter
Pflege: Relativ anspruchslos und anpassungsfähig an Wohnraumklima, benötigt im Winter mindestens 18 °C und warmen Fuß.
Besonderheiten: Lässt sich problemlos zurückschneiden; Vermehrung über Kopfstecklinge; gut für Hydrokultur geeignet.
Platzierung: Wohnräume, Wintergarten

Platycerium bifurcatum
Geweihfarn

Aussehen: zweierlei Blätter: 1. sterile Nischen- oder Mantelblätter, die zunächst hellgrün austreiben und dann verbräunen 2. geweihartige, ledrige, dunkelgrüne, geweihartige Sporenblätter mit weißem Flaum, der erhalten bleiben sollte; oft einseitiger, überhängender Wuchs
Pflege: Warm bei über 20 °C, im Winter über 15 °C stellen. Ballen feucht halten, eventuell zwischen alte Nischenblätter gießen. Braucht hohe Luftfeuchtigkeit, verträgt keine Zugluft. Schildlausbefall, wenn Standortansprüche nicht erfüllt werden. In humoses Substrat pflanzen.
Platzierung: Wohnräume, Bad, Wintergarten (feucht-warm)

Pogonatherum paniceum
Zimmerbambus

Arten und Sorten: Sorten mit gelb panaschierten Blättern
Aussehen: buschiger Wuchs, bei älteren Pflanzen leicht überhängend; dünne, holzige Halme mit schmalen, frischgrünen Blättern; typische Gräserblüte
Pflege: Benötigt ganzjährig Zimmertemperatur, nicht unter 15 °C. Gleichmäßig feucht halten, im Sommer wöchentlich düngen. Verträgt auch Lufttrockenheit. Im Frühjahr umtopfen und dabei, wenn nötig, teilen. Im Sommer ins Freie stellen.
Besonderheiten: Katzen mögen dieses Gras; für Hydrokultur geeignet.
Platzierung: Wohnräume, Bad, Wintergarten

60–120 cm

50–80 cm

20–50 cm

Die Erläuterungen zu den Symbolen finden Sie auf Seite 2.

Die schönsten Zimmerpflanzen im Porträt

Pteris cretica

Saumfarn

Arten und Sorten: 'Wimsettii': hellgrün, gekrauste Blattspitzen, 'Albo-Lineata': breite Fiedern mit grünlich-weißem Mittelband

Aussehen: Buschiger Wuchs; Wedel mit dünnen Stielen und schmalen Seitenfiedern; dunkelbraune Sporenhäufchen bilden dunkle Linien auf der Rückseite der Fiedern.

Pflege: Braucht Zimmertemperatur, während der Ruhephase von November bis Februar 10–12 °C. Von April bis Juli reichlich gießen, verträgt keine Ballentrockenheit; Topf eventuell gelegentlich in Wasser tauchen. Braucht hohe Luftfeuchtigkeit. In saure humose Blumenerde mit pH 5,5 bis 6 pflanzen; schwach düngen.

Platzierung: Wohnräume, Wintergarten (feucht-warm)

Punica granatum

Granatapfel

Arten und Sorten: Häufig kultiviert wird die Zwergform 'Nana'; hübsch ist auch 'Pleniflora' mit großen, gefüllten Blüten.

Blütezeit: Juli bis August

Aussehen: Granatrote Blüte, auch in anderen Rottönen und in Gelb und Weiß; die Frucht, der Granatapfel, ist eine Beere. Wuchs: Strauchförmig, verliert im Winter die Blätter.

Pflege: Im Winter luftig bei ca. 5–10 °C und hell halten. Im Sommer ins Freie stellen, eher sparsam gießen und wöchentlich düngen.

Besonderheiten: Granatäpfel sind essbar.

Platzierung: Treppenhaus/Vorraum, Wintergarten (kühl)

Radermachera sinica

Zimmeresche

Aussehen: buschiger, breit ausladender oder baumförmiger Wuchs mit glänzend grünen, doppelt gefiederten Blättern

Pflege: Verträgt Zimmertemperatur, im Winter optimal bei ca. 18 °C. Im Sommer an einen geschützten Platz ins Freie stellen. Sparsam gießen, denn bei zu viel Feuchtigkeit reagiert die Zimmeresche mit Blattfall. Im Sommer wöchentlich düngen.

Besonderheiten: Dekoratives Wuchsbild; verträgt keinen Zigarettenrauch.

Platzierung: Wohnräume, Wintergarten

20–50 cm | 30–200 cm | 50–200 cm

Beliebte Klassiker

Saintpaulia-ionantha-Hybriden
Usambaraveilchen

Blütezeit: ganzjährig mit Pause in den dunklen Winterwochen

Aussehen: Blüten in lockeren Dolden in allen Farbnuancen von Weiß, Rosa, Blau bis Dunkelviolett, auch gefüllt und gerüscht; Wuchs: rosettenförmig, Blätter auf kurzem Stiel rundlich-oval, tief dunkelgrün, dickfleischig, filzig behaart

Pflege: Ganzjährig warm halten, nicht unter 18 °C. Beim Gießen mit lauwarmem, weichem Wasser das Herz und die Blätter nicht benetzen. Gleichmäßig feucht halten; während der Blühpause im Winter sparsam gießen.

Besonderheiten: Lässt sich leicht durch Blattstecklinge vermehren.

Platzierung: Wohnräume, Wintergarten

Sansevieria trifasciata
Bogenhanf

Arten und Sorten: 'Laurentii': goldgelbe Längsstreifen; 'Hahnii': niedriger, rosettenartiger Wuchs; 'Golden Hahnii': mit goldgelben Randstreifen

Blütezeit: Frühjahr

Aussehen: fleischige, steif aufrecht wachsende Blätter, die aus einem kriechenden, fingerdicken Rhizom entspringen, mit unregelmäßiger dunklerer Bänderung; cremefarbene Blütenrispen zwischen dem Blattwerk

Pflege: Verträgt trockene Luft. Kann im Winter fast trocken stehen und verträgt hartes Gießwasser. In grobes, sandhaltiges Substrat pflanzen; stickstoffarmen Dünger, z. B. Kakteendünger, nehmen.

Besonderheiten: Blüten duften nach Vanille.

Platzierung: Wohnräume, Wintergarten

Schefflera-Arten
Strahlenaralie

Arten und Sorten: *Schefflera actinophylla, Sch. arboricola:* Sorten mit panaschierten Blättern

Aussehen: strauchartiger oder baumartiger Wuchs; dekorative Wirkung durch handförmig geteilte, ledrige Blätter, die teils waagerecht vom aufrechten Stamm abstehen

Pflege: Im Winter kühl bei ca. 12–15 °C stellen; bei warmer Kultur im Winter öfter einsprühen. Verträgt keine Zugluft und wechselnde Temperatur.

Besonderheiten: *Schefflera* an Stäben aufbinden, durch Entspitzen zu neuem Austrieb anregen.

Platzierung: Wohnräume, Wintergarten

10–20 cm

20–150 cm

bis 200 cm

Die Erläuterungen zu den Symbolen finden Sie auf Seite 2.

Die schönsten Zimmerpflanzen im Porträt

Schefflera elegantissima

Fingeraralie

Aussehen: Wirkt durch ihre elegante Gestalt und durch die Form der dunkelgrünen Blätter, bei denen sieben bis elf schmale Einzelblättchen wie zu einer Hand zusammengefügt sind.

Pflege: Ganzjährig warm stellen bei hoher Luftfeuchtigkeit; immer ausreichend feucht halten, verträgt weder Staunässe noch Austrocknen. Mit weichem Wasser gießen; Zugluft vermeiden.

Besonderheiten: Lässt sich gut zurückschneiden.

Platzierung: Wohnräume, Wintergarten (feucht-warm)

Selaginella-Arten

Moosfarn

Arten und Sorten: *Selaginella martensii*: teppichartiger Wuchs; *S. lepidophylla* als 'Rose von Jericho' im Handel

Aussehen: farnähnliches Wuchsbild, teppichartiger Wuchs; Blattwedel hell- bis mittelgrün oder panaschiert

Pflege: Im Sommer warm stellen, im Winter je nach Art unterschiedlich, teils 20 °C, teils kühl bei 10 °C, braucht hohe Luftfeuchtigkeit. Ständig leicht feucht halten; mit kalkfreiem Wasser gießen.

Besonderheiten: leichte Vermehrung durch Teilen oder über Stecklinge

Platzierung: Küche, Bad, Wintergarten (feucht-warm)

Soleirolia soleirolii

Bubiköpfchen

Aussehen: polsterartiger Wuchs mit zarten, hellgrünen Blatttrieben; sternförmige, weiße Blütchen; Sorten mit gelbgrünem, auch panaschiertem Laub

Pflege: Optimale Temperatur ca. 18 °C, sogar bis 0 °C; verträgt keinen dunklen Stand. Nicht zu feucht halten, nie von oben, sondern in den Untersetzer gießen. Im Sommer alle zwei Wochen düngen.

Besonderheiten: Pflanzen öfter durch Teilen oder Stecklinge verjüngen.

Platzierung: Wohnräume, Küche, Wintergarten

bis 150 cm   5–20 cm   5–10 cm

Beliebte Klassiker

Solenostemon scutellarioides

Buntnessel

Arten und Sorten: frühere Bezeichnung: *Coleus-blumeii*-Hybriden

Blütezeit: Sommer

Aussehen: lange Triebe mit vierkantigem Stängel und eiförmigen, gekerbten oder gezähnten Blättern; buntlaubig, mit verschiedenen Grün- oder Rottönen und weißer oder gelber Zeichnung; taubnesselartige Blütenstände mit blassblauen Lippenblüten

Pflege: Ganzjährig warm, im Winter auch kühl bis ca. 10 °C stellen. Schnellwüchsig, öfters zurechtstutzen oder über Kopfstecklinge verjüngen.

Besonderheit: pflegeleichte, beliebte Blattschmuckpflanze für das Sommerblumenbeet

Platzierung: Wohnräume, Küche, Wintergarten

Sparrmannia africana

Zimmerlinde

Arten und Sorten: Zwergform: 30 cm hoch; 'Flore Pleno': gefüllte Blüten

Blütezeit: Spätwinter bis Frühjahr

Aussehen: strauch- oder baumartiger Wuchs mit großen herzförmigen, lindgrünen, weichen, behaarte Blättern; hübsche weiße Blüten mit gelben Staubgefäßen

Pflege: Während Wachstumszeit warm stellen. Ruhepause von Oktober bis Dezember bei 6–10 °C, dann wenig gießen. Nicht fürs Freie geeignet! Während Wachstumszeit wöchentlich düngen. Für gute Verzweigung stutzen. Leicht durch Kopfstecklinge zu vermehren.

Besonderheiten: Blätter können Haut reizen

Platzierung: Wohnräume, Treppenhaus/Vorraum, Wintergarten

Spathiphyllum-Arten und -Hybriden

Einblatt

Arten und Sorten: *Spathiphyllum floribundum*; *S. wallisi*: zierlicher Wuchs, bildet Kindel aus.

Blütezeit: Frühjahr bis Sommer

Aussehen: Blütenstände mit cremeweißem Kolben und weißem Hüllblatt auf langen Stielen überragen die Blätter; Blätter auf langen Blattstielen, dunkelgrün, spitz zulaufend, bis 20 cm lang.

Pflege: Benötigt Zimmertemperatur bis 25 °C, während der Ruhezeit im Winter 16–18 °C. Im Sommer reichlich gießen, im Winter zurückhaltend.

Besonderheiten: gut für Hydrokultur geeignet

Platzierung: Wohnräume, Bad, Wintergarten

10–150 cm   50–250 cm   30–80 cm

Die Erläuterungen zu den Symbolen finden Sie auf Seite 2.

Die schönsten Zimmerpflanzen im Porträt

Streptocarpus-Hybriden

Drehfrucht

Arten und Sorten: Miniatur-Hybriden; *Streptocarpus saxorum*: niedrig; *S. wendlandi*: ein großes Blatt, 70 cm hoch

Blütezeit: Frühjahr und/oder Herbst

Aussehen: Trichterblüten in samtigem Dunkelblau, Blauviolett, Rosa, Lila, Weiß einzeln oder zu mehreren auf langen Stielen; Wuchs: rosettenartig; länglich-ovale, leicht runzlige Blätter, die am Topfrand aufliegen

Pflege: Ganzjährig warm stellen, nie unter 16 °C. Gießen mit zimmerwarmem Wasser; Vermehrung durch Blattstecklinge.

Besonderheiten: Samenkapseln sind spiralig gedreht, daher rührt der Name „Drehfrucht".

Platzierung: Wohnräume, Wintergarten

Tillandsia-Arten

Tillandsie, Greisenbart, Luftnelke

Arten und Sorten: Unterscheidung in graue Tillandsien wie *Tillandsia argentea, T. funckiana* und grüne Arten wie *T. cyanea, T. lindenii* mit abgeflachten Blütenständen

Blütezeit: Frühjahr oder Sommer

Aussehen: meist rosettenartiger Wuchs mit schmalen Blättern

Pflege: Graue Arten benötigen im Winter 10–15 °C; grüne Arten mindestens 15–18 °C; gelegentlich übersprühen, schwach dosiert düngen.

Platzierung: graue Arten auf Epiphytenstamm, befestigt auf Aststücken oder Mineralien; grüne Arten für geschlossenes Blumenfenster

Tolmiea menziesii

Henne mit Küken

Aussehen: Staudiger Wuchs mit überhängenden Trieben; hell- bis lindgrüne Blätter, ähnlich der Zimmerlinde, auch mit gelber oder cremefarbener Zeichnung; Brutpflänzchen am Stielansatz der Blätter, sie fallen ab, wenn sie reif sind. Blütenstand: Traube grünbrauner Blüten mit orangefarbener Kappe

Pflege: Anspruchslos; im Winter kühl stellen und kaum gießen, verträgt auch Zimmertemperatur und trockene Heizungsluft.

Besonderheiten: Ampelpflanze; Vermehrung durch Brutpflänzchen oder durch Ausläufer

Platzierung: Wohnräume, Kinderzimmer, Küche

15–70 cm

10–50 cm

20–30 cm

Beliebte Klassiker

Vriesea-Arten und -Hybriden
Vriesee

Arten und Sorten: *Vriesea splendens* (= Flammendes Schwert), buntblättrig; Hybridsorten mit unterschiedlich gefärbten Hochblättern und gebänderten oder gefleckten Blättern

Blütezeit: ganzjährig

Aussehen: Trichterrosette, aus der sich der abgeflachte Blütenstand mit den leuchtenden Hochblättern erhebt; bildet Kindel aus.

Pflege: Ganzjährig warm stellen, im Winter über 18 °C. Mit kalkarmem, temperiertem Wasser gießen und oft übersprühen. Eventuell auf Epiphytenstamm aufbinden.

Platzierung: Wohnräume, Bad, Wintergarten (feucht-warm)

Yucca-Arten
Palmlilie

Arten und Sorten: häufig *Yucca aloifolia* und *Y. elephantipes*

Aussehen: Bildet aufrechten Stamm mit langen, spitzen und scharfkantigen, ledrigen Blättern, die zunächst aufrecht stehen und dann herabhängen.

Pflege: Verträgt trockene Zimmerluft, pflegeleicht. Zu groß gewordene Pflanzen kann man abschneiden. Den Stamm in Stücke schneiden und die Stammstücke erneut topfen; zum Bewurzeln sehr warm halten. Aus den Knospen an der Spitze des Stecklings bilden sich neue Blattschöpfe

Besonderheiten: Verletzungsgefahr an Blattspitzen und Blatträndern!

Platzierung: Wohnräume, Treppenhaus, Wintergarten

Zantedeschia aethiopica
Zimmerkalla

Arten und Sorten: Sorte 'Green Goddess' mit grünpanaschierten Hochblättern

Blütezeit: Spätwinter bis Frühsommer

Aussehen: zahlreiche pfeilförmige Blätter auf langen Stielen; typische Blütenstände mit gelblichem Kolben und weißem, gelben oder rötlichen Hochblatt (Spatha)

Pflege: Während der Blüte reichlich gießen und wöchentlich düngen; in der Ruhezeit von Mai bis Juli nahezu trocken halten, danach allmählich wieder mehr gießen.

Besonderheiten: Stammt aus Südafrika; Ruhephase entsprechend im Sommer.

Platzierung: Wohnräume, Küche, Bad, Wintergarten

30–50 cm | 50–300 cm | 40–80 cm

Die Erläuterungen zu den Symbolen finden Sie auf Seite 2.

Die schönsten Zimmerpflanzen im Porträt

Saisonpflanzen

Saisonpflanzen verschönern für ein paar Wochen oder Monate die Wohnumgebung. Wählen Sie aus dem jahreszeitlichen Angebot der Gärtnereien: im Winter Alpenveilchen, Azaleen und Weihnachtssterne; im Spätwinter und Frühjahr Primeln, Hyazinthen, Blütenbegonien und Cinerarien; im Sommer Rosen und Edelpelargonien. Und sogar für den Herbst gibt es Hingucker: Zierpaprika und Flammendes Käthchen.

Die Saisonpflanzen gehören sehr unterschiedlichen Pflanzengruppen an. Da gibt es einjährige Arten, die sowieso nur eine Saison aushalten und danach absterben wie Zierpaprika oder Cinerarie. Andere haben sehr spezielle Ansprüche bei der Überwinterung oder Weiterkultur, die in einem normalen Haushalt kaum zu erfüllen sind. Andere wie das Flammende Käthchen sehen nach ein paar Wochen oder Monaten nicht mehr schön aus.

Gloxinien blühen nur eine Saison lang, dafür mit umso verschwenderischerer Fülle. «

Anspruchsvolle Schönheit für kühle Räume: die Zimmerazalee. »

Die schönsten Zimmerpflanzen im Porträt

Beim prächtigen Weihnachtsstern, der in seiner Heimat zu riesengroßen Exemplaren heranwächst, liegt der Grund für die kurze Kulturdauer an der Photoperiodizität. Dieses Wolfsmilchgewächs bildet nur an kurzen Tagen seine prächtigen Hochblätter aus. An den länger werdenden Tagen im Sommer wächst er nur noch sparrig weiter und sieht nicht mehr attraktiv aus. Um ihn wieder zum „Blühen" und zur Ausbildung der Hochblätter zu bringen, müsste man ihn etwa einen Monat lang länger als zwölf Stunden am Tag völlig dunkel stellen. Unter normalen häuslichen Bedingungen gelingt dies kaum. Manche Blumenfreunde fassen diese Schwierigkeiten als Herausforderung ihrer Pflegekünste auf und versuchen, die schönen Blütenpflanzen erneut zum Erblühen zu bringen. Dies ist bei fast allen vorgestellten Pflanzen machbar, sofern die Kultivateure die Ansprüche der jeweiligen Art erfüllen.

Saisonpflanzen

Aphelandra squarrosa

Glanzkölbchen

Arten und Sorten: viele namenlose Sorten im Handel

Blütezeit: Juni bis Oktober; je nach gärtnerischer Kultur zu allen Jahreszeiten

Aussehen: staudiger Wuchs, wenig verzweigt; große, zugespitzte, hell geaderte Blätter; gelbe Blütenkolben zwischen ährenartigen Hochblättern

Pflege: Warm und hell stellen, Wintertemperatur um 15 °C. Reichlich mit zimmerwarmem, kalkarmem Wasser gießen und wöchentlich düngen.

Platzierung: Wohnräume, Wintergarten

*Begonia-*Hybriden

Blütenbegonien

Arten und Sorten: Lorraine-Begonien: Blüte im Winter; *Begonia-elatior-*Hybriden: viele großblumige Sorten, Blüte während des ganzen Jahres

Aussehen: Blüten einfach bis gefüllt (röschenartig), auch sternförmig, alle Farbschattierungen von Weiß, Gelb, Lachs, Rosa, Rot; Wuchs: buschig bis überhängend; asymmetrische Blätter, hell- bis dunkelgrün, auch purpurfarben

Pflege: Verträgt keine volle Sonne. In Zimmerkultur häufig Befall mit Echtem Mehltau, befallene Pflanzen wegwerfen.

Platzierung: Wohnräume, Wintergarten

Brunfelsia pauciflora var. *calycina*

Brunfelsie

Blütezeit: Januar bis August

Aussehen: buschiger bis sparriger Wuchs; dunkelgrüne, ledrige, zugespitzte Blätter; enzianblaue, weit geöffnete Blüten

Pflege: Von Frühjahr bis zum Herbst bei Zimmertemperatur 20–22 °C stellen, Oktober bis November kühl bei 9–14 °C, um zur Blütenbildung anzuregen. Gleichmäßig feucht halten, unregelmäßige Wasserversorgung führt zu Knospenfall.

Platzierung: Schlafzimmer, Treppenhaus, Wintergarten

30–50 cm

20–40 cm

15–35 cm

Die Erläuterungen zu den Symbolen finden Sie auf Seite 2.

Die schönsten Zimmerpflanzen im Porträt

Campanula isophylla

Zimmer-Glockenblume

Arten und Sorten: 'Alba': weiße Blüten; 'Mayi': blaue Blüten; 'Starlight Dark Blue': himmelblaue Blüten

Blütezeit: März bis Oktober

Aussehen: überhängende, dicht mit Blüten besetzte Triebe; weit nach oben geöffnete, glockenartige Blüten

Pflege: Kühl und luftig stellen, bei Überwinterung höchstens 10 °C. Während der Wachstumsperiode wöchentlich düngen; bei falschem Standort anfällig für Pilzkrankheiten und Spinnmilben.

Besonderheiten: Eine der wenigen Glockenblumen-Arten für Zimmerkultur!

Platzierung: Schlafzimmer, Treppenhaus, Wintergarten (kühl)

Capsicum annuum

Zierpaprika, Chili

Arten und Sorten: viele Sorten mit unterschiedlich geformten Früchten, teils sehr scharf

Aussehen: buschiger Wuchs mit spitz zulaufenden Blättern und weißen Blüten; kugelige, walzenförmige oder spitzkegelige Früchte ab Sommer bis zum Spätherbst; Früchte aufrecht stehend oder herabhängend

Pflege: Wird im Frühjahr aus Samen angezogen und in aller Regel nur einjährig kultiviert. Im Sommer feucht halten, im Herbst eher kühl aufstellen. Bei zu viel Wärme und trockener Luft geht die Pflanze schnell ein.

Besonderheiten: Früchte sind essbar.

Platzierung: Terrasse/Balkon, Wintergarten (kühl)

Catharanthus roseus

Madagaskar-Immergrün

Blütezeit: Mai bis Oktober

Aussehen: buschiger, aufrechter Wuchs; dunkelgrüne, glänzende, längliche Blätter mit heller Mittelrippe; große fünfzählige Blüten (wie die des einheimischen blau blühenden Immergrüns) in Rosa, Weiß, Weiß mit rotem Auge

Pflege: Wird meist einjährig gezogen. Benötigt hellen Platz und hohe Luftfeuchtigkeit, Wurzelballen gut feucht halten. Im Sommer an geschützten Platz ins Freie stellen.

Besonderheiten: Lässt sich durch Kopfstecklinge im August vermehren.

Platzierung: Wohnräume, Wintergarten, Terrasse/Balkon

10–20 cm · 15–25 cm · 15–30 cm

Cyclamen persicum

Alpenveilchen

Blütezeit: Oktober bis März

Aussehen: Fünfzähliger Blütenaufbau in Weiß, Rosa, Rot, Violett, oft mit Auge, auch gefranst oder gewellt, Blütenstände erheben sich über die Blätter. Wuchs: flache Knolle, aus deren Oberseite Blätter und Blüten sprießen; herz- bis nierenförmige, dunkelgrüne, manchmal rötliche Blätter mit weißer Zeichnung der Blattadern und weißen Flecken

Pflege: Während der Blüte kühler Stand bei 10–15 °C; mit enthärtetem Wasser gießen, Knospen nicht benetzen, am besten in Untersetzer gießen. Im Sommer an schattigen Platz ins Freie stellen.

Platzierung: Schlafzimmer, Treppenhaus/Vorraum, Wintergarten (kühl)

Euphorbia pulcherimma

Weihnachtsstern

Blütezeit: Winter, Blüte an kurzen Tagen

Aussehen: Wuchs buschig oder als Hochstämmchen; Blätter groß, spitz, matt, dunkelgrün, oft mit rötlichem Touch; zierend sind die rosettenartig angeordneten, farbigen Hochblätter. Die eigentliche Blüte ist unscheinbar.

Pflege: Ganzjährig warm und hell bei möglichst hoher Luftfeuchtigkeit stellen, während der Blüte 17–20 °C. Nach der Blüte im April–Mai zurückschneiden. Für erneute Blüte etwa einen Monat lang höchstens 12 Stunden am Tag dem Licht aussetzen.

Besonderheiten: Der weiße Wolfsmilchsaft ist giftig.

Platzierung: Wohnräume, Wintergarten

Exacum affine

Blaues Lieschen

Arten und Sorten: 'Royal Dane'; kompakter Wuchs

Blütezeit: Juni bis Oktober

Aussehen: blaue oder weiße Blüten mit auffallenden gelben Staubgefäßen; Wuchs: buschig verzweigt mit herzförmigen, frischgrünen Blättchen

Pflege: Braucht Zimmertemperatur und luftigen Stand, nicht fürs Freie geeignet. Lässt sich durch Aussaat oder über Stecklinge von überwinterten Pflanzen vermehren. Von Sommer bis Herbst wöchentlich düngen.

Besonderheiten: Alte Zimmerpflanze, in den USA als „German Violet" bekannt.

Platzierung: Wohnräume, Küche

10–30 cm

10–150 cm

15–20 cm

Die schönsten Zimmerpflanzen im Porträt

Hippeastrum-Hybriden

Amaryllis, Ritterstern

Blütezeit: Winter bis Frühjahr

Aussehen: Ein bis drei Blütenstände auf langem, röhrigem Schaft; große, trompetenartige Blüten in Rot, Rosa, Orange oder Weiß; auffallende, gelbe, waagerecht abstehende Staubgefäße; riemenförmige, dunkelgrüne, glänzende Blätter, ziehen im Herbst ein.

Pflege: Zwiebel während Ruhezeit im Herbst trocken halten. Antreiben ab November, dazu die Zwiebel zur Hälfte topfen und bei 22–24 °C aufstellen, während Blütezeit etwas kühler, um 18 °C.

Besonderheiten: Enthält giftige Alkaloide.

Platzierung: Wohnräume, Wintergarten

Hyacinthus orientalis

Hyazinthe

Blütezeit: Winter bis Frühjahr

Aussehen: kräftiger Schaft mit walzenartigem Blütenstand mit weißen, rosafarbenen, blauen oder roten Blüten; lange, aufrechte, glänzende Blätter mit kahnartiger Spitze

Pflege: Kühl (bei 12 °C) und dunkel antreiben, in sandreichem Substrat oder in speziellen Hyazinthengläsern. Bis der Blütentrieb erscheint, Papphütchen überstülpen.

Besonderheiten: Nach der Blüte kann man die Zwiebeln in den Garten pflanzen, wo sie einwachsen.

Platzierung: Wohnräume, Wintergarten

Kalanchoe blossfeldiana

Flammendes Käthchen

Arten und Sorten: Viele Arten und Sorten, z. B. Mini-Kalanchoe

Blütezeit: Winter und Frühjahr, bei gärtnerischer Kulturführung auch ganzjährig

Aussehen: Blüten in dichten Dolden in warmem Rot, Gelb, Orange, Rosa, Pink oder Weiß; fleischige, waagerecht ausgerichtete Blätter

Pflege: Robust, sehr hell stellen, wenig gießen. Verblühtes entfernen; Überwinterung bei ca. 15 °C.

Besonderheiten: Ältere Pflanzen sind nicht mehr schön, werden deswegen meist nur kurzzeitig kultiviert. Vermehrung über Kopfstecklinge ist möglich.

Platzierung: Wohnzimmer, Wintergarten

30–70 cm · 20–30 cm · 15–40 cm

Saisonpflanzen

Nertera granadensis

Korallenmoos

Blütezeit: April bis Mai

Aussehen: Niedriger, teppichbildender Wuchs; hellgrüne, nur 7 mm lange Blättchen; winzige, sternförmige Blüten; ab August bis in den Winter hinein schmückt sich das Korallenmoos mit orangeroten Beerchen in großer Zahl.

Pflege: Im Winter kühl (8–10 °C) und luftig stellen. Gleichmäßig feucht halten, in Untersetzer gießen. Düngen mit phosphorreichem, stickstoffarmem Blüh-Dünger. In durchlässige, sandige Erde topfen.

Besonderheiten: Kurzlebige Pflanze, lässt sich durch Teilung vermehren.

Platzierung: Küche, Treppenhaus/Vorraum, Wintergarten (kühl)

Pachystachys lutea

Goldähre, Dickähre

Blütezeit: März bis Oktober

Aussehen: verzweigter, bei älteren Pflanzen etwas sparriger Wuchs mit dunkelgrünen, breit lanzettlichen Blättern; über dem Laub stehende Blütenähren mit gelben Hoch- oder Deckblättern und weißen, lippenblütenähnlichen Blüten

Pflege: Ganzjährig bei Zimmertemperatur stellen, im Winter nicht unter 18–20 °C. Gleichmäßig feucht halten, Ballentrockenheit vermeiden.

Platzierung: Wohnräume, Wintergarten

Pelargonium-grandiflorum-Hybriden

Edelpelargonie

Blütezeit: Februar bis Oktober

Aussehen: sehr große Blüten (5 cm Durchmesser) in Weiß, Rosa, Rot, Blauviolett, immer andersfarbig gefleckt, geflammt oder geadert; aufrechter Wuchs, ältere Triebe überhängend

Pflege: Hell und warm stellen, im Sommer ins Freie, bei Überwinterung 10–15 °C. Für buschigen Wuchs öfter stutzen.

Besonderheiten: Sieht in Balkonkästen schön aus. Vermehrung durch Kopfstecklinge, dadurch Weiterkultur möglich.

Platzierung: Wohnräume, Wintergarten, Terrasse/Balkon

5–10 cm   25–40 cm   20–50 cm

Die Erläuterungen zu der Symbolen finden Sie auf Seite 2.

Die schönsten Zimmerpflanzen im Porträt

Pericallis-Hybriden (Asteraceae)

Cinerarie, Aschenblume

Blütezeit: März bis Mai

Aussehen: große asternartige Blüten in kräftigen Farben: Weiß, Rosa, Karminrosa, Purpurrot, Scharlachrot, Himmelblau, auch Zweifarbige; Wuchs: buschig, kompakt, mit frischgrünen, gerippten Blättern

Pflege: Wird nur einjährig kultiviert. Während Blütezeit kühl (optimal 10–14 °C) und feucht halten.

Besonderheiten: Bekommt vor allem bei zu warmem Stand leicht Läuse.

Platzierung: Wintergarten, Terrasse/Balkon (kühl)

Primula-Arten

Topfprimeln

Arten und Sorten: Fliederprimel *(Primula malacoides):* duftende Blüten von Dezember bis April; Becherprimel *(P. obconica):* behaart, große, runde, lang gestielte Blätter, blüht lange.

Aussehen:. Blüten in Weiß, Rosa, Lachrosa, Karminrot, Blaurot, Lavendelblau; Blütenstängel aufrecht, Blattstand rosettenartig

Pflege: Benötigt hellen, kühlen (12–14 °C) und luftigen Platz. Rückschnitt gleich nach der Blüte regt zu neuer Blütenbildung an. Nicht düngen. Bei zu warmem Stand werden die Blätter schlapp.

Besonderheiten: Allergie durch Becherprimel.

Platzierung: Schlafzimmer, Treppenhaus/Vorraum, Wintergarten (kühl)

Rhododendron-simsii-Hybriden

Zimmerazalee

Arten und Sorten: viele namenlose Sorten im Handel

Blütezeit: Winter

Aussehen: Blüten mit breiter Farbskala von Weiß über Rosa bis Dunkelrot, auch gefleckt, . einfach, gefüllt, klein- und großblumig; Wuchs: strauchartig, auch als Hochstämmchen; kleine, lederartige, verkehrt-eirunde Blätter

Pflege: Kühler Stand bei 10–12 °C, Zugluft vermeiden. Wurzelballen feucht halten, mit kalkfreiem Wasser gießen. Abgeblühtes herausknipsen. In der Wärme und bei zu trockenem Stand verblüht die Pflanze schnell und die Blätter vertrocknen.

Besonderheiten: Lässt sich bei sehr sorgfältiger Pflege weiterkultivieren.

Platzierung: Schlafzimmer, Treppenhaus/Vorraum, Wintergarten (kühl)

20–30 cm

10–30 cm

20–80 cm

Saisonpflanzen

Rosa-Arten und -Hybriden

Topfrose

Arten und Sorten: „Kussröschen" (*Rosa chinensis* 'Minima')

Blütezeit: Januar bis Oktober

Aussehen: sommergrüner Zwergstrauch, d.h., die Rose lässt im Herbst die Blätter fallen; kleine, meist gefüllte Blüten in Rosenfarben

Pflege: Braucht sehr hellen Stand, aber keine pralle Sonne. Ruhezeit im Winter; nach dem Blattfall bei 5–8 °C und fast trocken halten. Vor Austriebsbeginn auf die Hälfte zurückschneiden. Im Sommer am besten ins Freie stellen.

Besonderheiten: Abgeblühtes regelmäßig abknipsen.

Platzierung: Wohnräume, Wintergarten, Terrasse/Balkon

Sinningia-Hybriden

Gloxinie

Blütezeit: ganzjährig blühende Exemplare im Handel

Aussehen: vielgestaltige samtige Blüten: glocken- oder röhrenförmig, einfach und gefüllt, in leuchtenden Farben, auch gefleckt oder gepunktet; Wuchs: rosettenartig mit großen, filzigen Blättern

Pflege: Hell und luftfeucht stellen. Im Sommer reichlich mit kalkarmem Wasser gießen, im Winter ganz trocken halten. Wird im Frühjahr aus Knolle neu angetrieben.

Platzierung: Küche, Bad, Wintergarten

Solanum pseudocapsicum

Korallenkirsche

Arten und Sorten: *Solanum capsicastrum* auch als 'Variegatum'-Form mit weißbunten Blättern

Aussehen: strauchartiger Wuchs mit verholzendem Stämmchen; dunkelgrüne, spitz zulaufende Blättchen; grünlich-weiße Blüten, aus denen sich kugelige, zunächst grüne, dann gelbe, später korallenrote, giftige Beeren entwickeln

Pflege: Hell stellen, reichlich gießen, kühl bei 10–15 °C überwintern (November bis Februar). Für buschigen Wuchs entspitzen, im Frühjahr kräftig zurückschneiden.

Besonderheiten: fruchtende Pflanzen vom Frühsommer bis zum Herbst im Handel

Platzierung: Wintergarten, Terrasse/Balkon

10–30 cm 20–30 cm 25–30 cm

Die Erläuterungen zu den Symbolen finden Sie auf Seite 2.

Die schönsten Zimmerpflanzen im Porträt

Neue Indoor-Trends

Zimmerpflanzen sind zum trendigen Wohnaccessoire geworden. Sie sind nicht nur für Pflanzenliebhaber ein Muss, sondern dienen zunehmend zur Dekoration und Gestaltung. Immer neue Arten und Sorten kommen auf den Markt, die zum modernen, jungen Wohnstil ebenso perfekt passen wie zum schlichten, klassischen.

Mit Grün- und Blühpflanzen, die in passenden Gefäßen gut zur Geltung kommen, werden heute ganze „Trendwelten" geschaffen. Richtig arrangiert und platziert erzeugen sie Stimmungen von exklusiv und kühl distanziert bis romantisch. Genau diesen Trend unterstreichen die vielen neuen Sorten und Arten, die immer wieder auf den Markt kommen. Zimmerpflanzen sollen nicht länger ein „Mauerblümchen-Dasein" fristen, sondern endlich als Gestaltungselement anerkannt werden. Mit den bizarren Formen hängender Kakteen oder Euphorbien gelingt das zum Beispiel auch sehr gut.

Aloe vera sind beliebte Zimmerpflanzen, die außerdem noch ein wichtiges Kriterium erfüllen: Sie sind pflegeleicht. <<

Vor allem Sukkulenten liegen im Trend. Die meisten haben eine besondere Wuchsform und interessante Blattformen. >>

Die schönsten Zimmerpflanzen im Porträt

Jung und farbenfroh kommt die Guzmaniensorte 'Sunstar' daher. Die bunten Töpfe wurden passend zur Tapete gewählt. <<

Aus Alt wird Neu

Bei einigen Zimmerpflanzen handelt es sich allerdings keinesfalls um echte Neuheiten. Vielmehr sind es in Vergessenheit geratene Arten und Sorten, die ein Comeback feiern.
Den Bogenhanf in Arten und Sorten konnte man beispielsweise in den meisten Haushalten antreffen. Dann setzte er Staub an und bekam den Stempel „altmodisch". Heute hat er mit neuem Gesicht und interessanten Züchtungen den Markt wieder zurückerobert. Er steht für schlichte Eleganz, die ineinanderverdrehten einzelnen Stängel sehen dabei besonders interessant aus. Auch die Drehfrucht *(Streptocarpus)* liegt wieder voll im Trend, denn Blütenfarben, Haltbarkeit und Blühwilligkeit sind bei den richtigen Standortbedingungen sehr gut.

Für besondere Momente

Mit Zimmerpflanzen und den passenden Dekoelementen können Sie Ihre Wohnung in eine besondere Atmosphäre tauchen und schon mit wenigen kleinen Veränderungen ganz neue Effekte erzielen. Für den klassisch eleganten Stil sind es Pflanzen mit sattgrünen bis dunkelgrünen Blättern und Pflanzen mit weißen Blüten, die den richtigen Ton treffen. Für ein romantisches Ambiente dagegen sollten Sie pastellfarbige Blüten und opulente Blätter bevorzugen.

Neue Indoor-Trends

Alocasia 'Black Velvet'

Pfeilblatt, Taro, Elefantenohr

Arten und Sorten: 'Black Velvet' zählt zu den Neuzüchtungen der umfangreichen Gattung *Alocasia*.

Blütezeit: Blüten entwickeln sich bei Topfkultur sehr selten.

Aussehen: samtig behaarte, fast schwarze Blätter mit hellen, deutlich sichtbaren Blattnerven und rotvioletter Blattunterseite; Wuchs: rhizombildende, mehrjährige Grünpflanze

Pflege: Gleichmäßige Temperatur 20–22 °C, hohe Luftfeuchtigkeit; Blätter ab und zu vorsichtig mit weichem Schwamm abwaschen.

Besonderheiten: Das Farbspiel und die Zeichnung der Blätter sind faszinierend.

Platzierung: Wohnräume, Bad

Chirita tamiana

Chirita

Arten und Sorten: eine der wenigen noch fast unbekannten Zimmerpflanzen aus Südostasien

Blütezeit: Dauerblüher, mit Winterpause

Aussehen: weiße Blüten mit zarten lila Streifen; Wuchs: kleinbleibendes Gesneriengewächs, ähnlich Usambaraveilchen

Pflege: Abgeblühtes laufend abschneiden, nicht heißer Sonneneinstrahlung aussetzen, kaltes Gießwasser vermeiden, gleichmäßig gießen.

Besonderheiten: Zierliche und pflegeleichte Pflanze, verträgt auch Trockenheit, lässt sich leicht durch Samen und Blattstecklinge vermehren.

Platzierung: Wintergarten, Wohnräume

Crassula rupestris subsp. *marnieriana* 'Hottentot'

Dickblatt

Arten und Sorten: Crassula arborescens, C. rosularis, C. 'Horntree', *C.* 'Isabelle'; Gattung mit sehr vielen Arten und Sorten mit unterschiedlichem Aussehen

Blütezeit: je nach Bedingungen in der Wachstumsperiode

Aussehen: Weiße Blüten in Dolden; dickfleischige, braunrot umsäumte, mattgrünliche kleine Blätter reihen sich wie Perlen auf eine Schnur, kriechend hängender Wuchs.

Pflege: Mäßig wässern, ab und zu abtrocknen lassen, im Winter kühl halten.

Besonderheiten: Als Ampelpflanze sehr gut geeignet, leicht durch Blattstecklinge zu vermehren.

Platzierung: Wohnräume, Ampelpflanze

25–30 cm   20 cm   10–20 cm

Die Erläuterungen zu den Symbolen finden Sie auf Seite 2.

Die schönsten Zimmerpflanzen im Porträt

Dischidia pectenoides
Urnenpflanze

Arten und Sorten: Es gibt mehrere Arten, als Zimmerpflanze ist aber nur *D. pectenoides* erhältlich.
Blütezeit: April bis August
Aussehen: kleine rote Blüten; Wuchs: Langtriebe mit kletterndem Wuchs, neben „normalen" Laubblättern entwickeln sich Urnenblätter, die als Wasserreservoir dienen.
Pflege: Für hohe Luftfeuchtigkeit sorgen, wächst am besten an Klettergerüst, umtopfen in Orchideensubstrat für epiphytische Arten.
Besonderheiten: Äußerst dekorativ durch die Urnenblätter; bei falschem Standort werden die Blätter abgeworfen.
Platzierung: Bad, Wintergarten (feuchtwarm)

Eucharis amazonica
Amazonaslilie

Arten und Sorten: *Eucharis grandiflora* ist kaum von *E. amazonica* zu unterscheiden.
Blütezeit: Dezember bis März und Juli bis August
Aussehen: An hohen Stielen sitzen weiße, narzissenähnliche Blüten, die wachsartig überzogen erscheinen und sehr langlebig sind. Die dunkelgrünen Blätter sind länglich-oval langgestielt.
Pflege: Um erneut zur Blüte zu kommen, muss sie nach dem Blühen einige Woche kühl stehen und darf nur wenig gegossen werden.
Besonderheiten: elegante Blüten; einfache Vermehrung durch Brutzwiebeln
Platzierung: Flur, Wohnräume

Euphorbia-lactea-'Cristata'-Wuchsform
Wolfsmilch

Arten und Sorten: zahlreiche Sorten und Hybriden in verschiedenen Farben, z. B. 'White Ghost', 'Grey Ghost'
Aussehen: Die verbänderte Cristata-Form von *E. lactea* wird auf einen Euphorbienstamm aufgepfropft, hat einen weißen Überzug, an manchen Stellen grün überhaucht, frisch Ausgetriebenes schimmert rosa.
Pflege: Gleichmäßig feucht halten; Wildtriebe, die an der Unterlage entstehen, vorsichtig entfernen, Temperatur im Sommer bis 25 °C, im Winter nicht unter 15 °C.
Besonderheiten: skurrile Erscheinung
Platzierung: Wohnräume, Küche, im Winter heller Flur, kühles Treppenhaus

40–50 cm   40–50 cm   30–40 cm

Die Erläuterungen zu den Symbolen finden Sie auf Seite 2.

Neue Indoor-Trends

Euphorbia stellata

Wolfsmilch

Arten und Sorten: *Euphorbia squarrosa, E. micrantha*

Blütezeit: in der Vegetationszeit

Aussehen: Blüte: unscheinbar; Wuchs: Aus dem Hauptspross heraus entwickeln sich zweikantige dornige Zweige, die auf dem Boden aufliegen.

Pflege: Durchlässiges Substrat verwenden, im Winter kühl stellen bei 10 °C.

Besonderheiten: Bei ausgewachsenen Pflanzen ragt die Wurzelverdickung dekorativ aus dem Topf, das sollte auch beim Umtopfen älterer Pflanzen berücksichtigt werden.

Platzierung: im Winter: heller Flur, kühles Treppenhaus; im Sommer: Wohnräume, auch geschützt im Freien

Ficus binnendijkii 'Amstel Gold'

Ficus

Arten und Sorten: Die Blätter von *Ficus cyathistipula* ähneln Oleanderblättern, 'Amstel King' hat ovale, etwas breitere Blätter.

Aussehen: heller Stamm mit einer Krone aus großen, schmalen lanzettlichen Blättern, die zart panaschiert schimmern

Pflege: Eine robuste Pflanze, die wenig Pflege benötigt; mäßig, aber regelmäßig gießen, unbedingt Zugluft vermeiden.

Besonderheiten: Ein echter Hingucker für den Zimmergarten; ideal geeignet für Raucher, denn dieser Ficus baut Xylol und Toluol ab. Laut Berichten soll der Rauch von zwei Zigaretten in einem 10-qm-Zimmer an einem Tag abgebaut werden.

Platzierung: Wohnräume, Flur

Ficus panda

Chinesischer Feigenbaum

Arten und Sorten: *Ficus panda* als Stammwuchs, über 800 Arten, *Ficus benjamina, F. microcarpa* als Zimmer-Bonsai

Aussehen: ledrige Blätter und kleine grüne Kugeln als Früchte; Wuchs: Je nach Erziehung, kann ganzjährig gedrahtet werden.

Pflege: Nicht austrocknen lassen, feucht halten, bei Temperaturen unter 8 °C werden die Blätter gelb und abgeworfen.

Besonderheiten: Als Indoor-Bonsai sehr apart, kann aber auch im Sommer ins Freie kommen; im Winter Zugluft vermeiden.

Platzierung: Wohnräume

15 cm   230 cm   30–40 cm

Die Erläuterungen zu den Symbolen finden Sie auf Seite 2.

Die schönsten Zimmerpflanzen im Porträt

Hemigraphis repanda 'Crispy Red Flame'

Efeuranke

Arten und Sorten: *Hemigraphis alternata* mit herzförmigen Blättern, *H.* 'Exotica' hat runzlige ovale Blätter.
Blütezeit: während der Wachstumszeit, aber eher selten
Aussehen: Blüte: klein, weiß, in Ähren; Wuchs: aufrecht, Blätter gewellt, an der Oberseite sattgrün, unterseits intensiv lilarot
Pflege: Benötigt hohe Luftfeuchtigkeit, deshalb Blätter regelmäßig besprühen, Wurzelballen feucht halten.
Besonderheiten: Attraktive Blattschmuckpflanze, eignet sich gut zur Pflanzung in Glasgefäße.
Platzierung: Wohnräume, Bad, Küche

Hibiscus 'Adonis' (Long Life)

Hibiskus

Arten und Sorten: *Hibiscus rosa sinensis*
Blütezeit: März bis Dezember
Aussehen: Typische Hibiskusblüte in Rosa, die Blüten stehen einzeln; herzförmige bis lang-ovale Blätter, glänzend.
Pflege: In der Wachstumsphase hoher Wasserbedarf, benötigt vor allem bei Wärme relativ hohe Luftfeuchtigkeit, Winterruhe notwendig.
Besonderheiten: Die Blüten dieser Sorte sind besonders lange haltbar.
Platzierung: Wintergarten, Wohnräume

Hoya kerrii

Herzblattpflanze

Arten und Sorten: *Hoya carnosa* mit meterlangen Trieben, *H.* 'Variegata' hat cremefarbene Blätter.
Blütezeit: in der Vegetationszeit
Aussehen: Blüte: kugelförmige Dolden mit zahlreichen Einzelblüten, weiß mit dunkler Mitte; Wuchs: langsam wachsender Kletterer, bis 200 cm lange Triebe; lederartige, umgekehrt herzförmige Blätter, z. T. bis 15 cm lang
Pflege: Eher trocken halten, Luftfeuchtigkeit erhöhen durch Besprühen der Blätter.
Besonderheiten: Im Handel werden neuerdings einzelne bewurzelte Herzblätter im Topf angeboten, die sehr dekorativ und gut zum Verschenken sind.
Platzierung: Wohnräume, Wintergarten

30 cm   bis 150 cm   15–200 cm

Die Erläuterungen zu den Symbolen finden Sie auf Seite 2.

Neue Indoor-Trends

Juncus effusus 'Spiralis'

Liebeslocken

Arten und Sorten: J. effusus 'Golden Line', J. 'Pencil Grass' ist ein aufrecht wachsendes, sehr dekoratives Gras.

Blütezeit: Juni bis August

Aussehen: weißliche bis bräunliche kleine Blüten; Wuchs: blattlose Triebe, die sich spiralförmig drehen.

Pflege: Benötigt sehr viel Wasser, bei trockener Luft die Triebe besprühen, aufrechte Triebe entfernen.

Besonderheiten: äußerst attraktiv durch den spiraligen Wuchs

Platzierung: Bad, Wohnräume, Wintergarten

Leea rubra (syn. L. coccinea)

Leea

Arten und Sorten: Leea guineensis 'Burgundy' ist ein immergrüner Strauch mit bronzefarbenen Blättern.

Blütezeit: während der Vegetationszeit, eher selten

Aussehen: kleine rosa Blüten, die in einem flachen Blütenstand zusammenstehen; Wuchs: verzweigter Strauch mit langen gefiederten Blättern und gezähnten Fiederblättchen

Pflege: Hohe Luftfeuchtigkeit verbunden mit Wärme ist Voraussetzung, gleichmäßig feucht halten; die Temperatur darf nicht unter 16 °C fallen.

Besonderheiten: Manchmal entwickeln sich Beerenfrüchte.

Platzierung: Wohnräume, Wintergarten (feucht-warm)

Microsorum scolopendrium 'Green Wave'©

Farn

Arten und Sorten: Aufrechter Schwertfarn *(Nephrolepis exalta)*, Wedel leicht überhängend, Prima-Klima-Pflanze

Blütezeit: keine

Aussehen: Dichte Farnwedel stehen dicht zusammen, die Blätter sind dekorativ gewellt und gedreht und bilden ein üppiges grünes Geflecht.

Pflege: Gleichmäßig mit Wasser versorgen, hin und wieder besprühen.

Besonderheiten: Die Wedel eignen sich auch zum Schnitt und sind lange haltbar.

Platzierung: Bad, Wohnräume, Wintergarten, Küche

40–50 cm   150 cm   40–60 cm

Die Erläuterungen zu den Symbolen finden Sie auf Seite 2.

Die schönsten Zimmerpflanzen im Porträt

Peperomia caperata 'Schumi Red'
Zwergpfeffer

Arten und Sorten: Sorten von *Peperomia orba* gibt es mit ein- und mehrfarbigen Blättern, sie wachsend hängend und eignen sich für Blumenampeln.

Blütezeit: März bis August

Aussehen: Blüte: etwa 10 cm hohe Ähren mit weißen Blüten; Wuchs: kompakt, die rötlich metallisch schimmernden, ledrigen Blätter sitzen auf kurzen, aufrechten Stielen.

Pflege: Nicht zu viel gießen, die Pflanze verträgt auch kurzfristige Trockenheit und ist sehr robust.

Besonderheiten: Pflegeleichte Pflanze, die gut in Kombination mit Blühpflanzen zur Wirkung kommt.

Platzierung: Wohnräume, Schlafzimmer, Wintergarten, Bad, Küche

Pilea peperomioides
Ufopflanze

Arten und Sorten: *Pilea microphylla* hat kleine Blätter, die an aufrecht bis aufliegend wachsenden Stängeln sitzen.

Blütezeit: in der Vegetationsperiode, eher selten

Aussehen: Blüte: unscheinbar; Wuchs: An der grün-bräunlichen Sprossachse sitzen die langgestielten, rundlichen, glänzenden Blätter.

Pflege: Regelmäßig gießen, aber nicht nass halten, die widerstandsfähige Pflanze verträgt auch Trockenzeiten, im warmen Zimmer Luftfeuchtigkeit erhöhen.

Besonderheiten: außergewöhnliche dekorative Blätter

Platzierung: Wohnräume, Bad, Küche

Sansevieria
Propeller-Sansevierie

Arten und Sorten: *Sansevieria trifasciata* 'Laurentii' mit dunkelgrün quergestreiften Blättern und gelber Bänderung an den Seiten

Aussehen: Mehrere aufrechte Triebe von *S. cylindrica* sind miteinander verflochten, sodass ein kunstvolles Gebilde entsteht; langsam wachsend.

Pflege: Nicht übermäßig gießen, ansonsten ist die Pflanze problemlos zu kultivieren, am besten in leicht durchlässige Kakteenerde umtopfen.

Besonderheiten: Verträgt trockene Luft gut, am besten arrangiert man mehrere Pflanzen nebeneinander, um den besten Effekt zu erzielen.

Platzierung: Wohnräume, Flur, Wintergarten

20 cm · 30–40 cm · 40 cm

Neue Indoor-Trends

Syngonanthus 'Mikado'

Mikadopflanze

Arten und Sorten: Vergleichbare Arten und Sorten gibt es momentan noch nicht.

Blütezeit: in der Vegetationsperiode

Aussehen: Goldene knöpfchenartige Blütenköpfe, die an Strohblumen erinnern, sitzen auf sehr langen aufrechten Blütenstielen, beim Öffnen erscheinen die Kronblätter cremeweiß. Am Grund bildet sich ein Horst grasähnlicher, aber dickerer Blätter.

Pflege: Den Wurzelballen immer feucht halten, am besten mit kalkfreiem Wasser gießen, hohe Luftfeuchtigkeit gewährleisten.

Besonderheiten: skurriler Wuchs, meist sehr kurzlebige Pflanze

Platzierung: Bad, Wohnräume, Wintergarten

Vriesea 'Cathy'

Vriesea

Arten und Sorten: Vriesea 'Christiane' mit roter Blüte

Blütezeit: mehrmals im Jahr

Aussehen: Blüte: Eine Ähre mit flachen dunkelvioletten Hochblättern entspringt aus einem Blütenschaft. Wuchs: Bandförmige, zum Teil am Rand eingerollte Blätter bilden eine Rosette.

Pflege: In der Wachstumszeit regelmäßig nicht zu viel zimmerwarmes Wasser in die Rosette gießen; während der Ruhephase Wassergaben reduzieren.

Besonderheiten: Die Blüte hält mehrere Monate, sehr aparte, ungewöhnliche Blütenfarbe.

Platzierung: Wohnräume, Bad, Küche

Zamioculcas zamiifolia

Zami

Arten und Sorten: 'Supreme' ist ungewöhnlich gleichmäßig im Wuchs.

Aussehen: Aus dem Rhizom entspringen viele Blätter mit leuchtend grünen Blattfiedern, die ledrig und glänzend sind.

Pflege: Ausgesprochen pflegeleichte Art, die auch Vernachlässigung toleriert; monatlich einmal gießen ist ausreichend.

Besonderheiten: Sehr langsam wachsend, eine moderne Pflanze mit ungewöhnlichem Wuchs, eine der pflegeleichtesten Zimmerpflanzen, kommt gut in geflochtenen Übertöpfen zur Geltung.

Platzierung: Küche, Wohnräume, Flur, Schlafzimmer

25–30 cm   50–60 cm   100 cm

Die Erläuterungen zu den Symbolen finden Sie auf Seite 2.

Die schönsten Zimmerpflanzen im Porträt

Die dritte Dimension

Das Interessante an Zimmerpflanzen ist, dass sie so viele Wuchsformen hervorbringen. Sogar innerhalb einer Pflanzengattung gibt es oft einige Arten, die von der üblichen Wuchsform abweichen – neben den kompakt und aufrecht wachsenden Arten und Sorten fürs Fensterbrett gibt es auch solche, die die dritte Dimension erobern.

Ihre Triebe winden oder schlingen sich mit etwas Hilfestellung in die Höhe oder hängen in langen Schleppen herab. Sie erobern Stäbe, Bögen und Spaliere oder lassen sich wie die unverwüstliche Efeutute oder der Kletterphilodendron an Schnüren die Wände entlang leiten. Wieder andere wie Grünlilie oder Zimmerhafer mit ihren schmalen, nach allen Seiten überhängenden Blättern kommen in Ampeln oder auf Säulen zur Geltung. Ebenso ist es beim Hängenden Steinbrech mit seinen Kindel tragenden Ausläufern oder der Leuchterblume, die in meterlangen Schleppen von Bücherregalen oder Borden herunterhängt.

Der Alleskönner Zimmerefeu bringt freundliches Grün in alle Winkel. «

Die genügsame Efeutute ist ein idealer Raumfüller für Zimmer mit wenig Licht. »

Neben den Arten, die durch ihr schön geformtes oder gefärbtes Blattwerk oder ihren besonderen Wuchs wirken, gefallen prächtig blühende wie Aeschynanthe, Kolumnee, Kranzschlinge, Passiflora oder Ruhmeskrone. Die Pflanzen dieser Gruppe sind oft anspruchslose Zimmergenossen. Zimmerwein, Zimmerefeu und Wachsblume begnügen sich mit wenig Licht und wenig Wasser. Andere brauchen eine hohe Luftfeuchtigkeit und wollen sich durch häufiges Einsprühen verwöhnen lassen. Sie fühlen sich aber fast nur in geschlossenen Blumenfenstern oder in Wintergärten mit Tropenatmosphäre richtig wohl und gedeihen unter solchen Bedingungen am besten.

Ampelpflanzen, in Etagen untergebracht, sind eine Platz sparende Lösung für Blumenfreunde, die es üppig lieben. <<

Aeschynanthus-Arten und -Hybriden

Schamblume

Arten und Sorten: *Aeschynanthus marmoratus*: rötlich marmorierte Blätter, verwaschen gelbe Blüten; *A. radicans*: leuchtendrote, behaarte Blüten; *A. speciosus*: scharlachrote Blüten in Büscheln

Aussehen: Ampelpflanze mit bogig überhängenden Trieben und ledrigen, spitz zulaufenden Blättern; röhrenförmige, meist rote Blüten mit herausstehenden Staubgefäßen und auffallender Kelchröhre, zu zweit in den Blattachseln

Pflege: Benötigt ganzjährig Zimmertemperatur über 20 °C und hohe Luftfeuchtigkeit. Regelmäßig einsprühen, Substrat feucht halten

Platzierung: Wohnräume, Wintergarten (feucht-warm)

Ampelopsis brevipedunculata

Scheinrebe, Jungfernrebe

Arten und Sorten: *Ampelopsis brevipedunculata* var. *maximowiczii* 'Elegans': grün-weiß gescheckte Blätter, Blätter im Austrieb rosa überhaucht, verliert im Herbst Blätter

Aussehen: Ampelpflanze oder Kletterpflanze; rötliche Triebe in weit schwingendem Bogen; bei Verwendung als Kletterpflanze aufbinden.

Pflege: Keine pralle Sonne, im Winter bei (5)10–15 °C halten, verträgt Lufttrockenheit. Im Sommer ins Freie stellen. Für buschigen Wuchs im Frühjahr zurückschneiden.

Besonderheiten: hautreizende Stoffe

Platzierung: Treppenhaus/Vorraum, Wintergarten

Aristolochia-Arten

Pfeifenwinde

Arten und Sorten: *Aristolochia grandiflora*: bis 10 cm große Blüten; *A. littoralis*

Blütezeit: April bis Oktober

Aussehen: Schlingpflanze; Triebe hochbinden. Blüten an langem herabhängendem Stängel, auffällig gefärbt mit roten oder braunen Flecken auf weißem Grund, ähneln einem Pfeifenkopf; Blätter dreifach gelappt.

Pflege: Braucht warmen, hellen Platz, nicht unter 15 °C. Während Blütezeit ständig feucht halten und etwa vierzehntägig Volldünger geben. Nach der Blüte im Dezember kräftig zurückschneiden.

Besonderheiten: Stecklinge bewurzeln bei gespannter Luft und Wärme leicht.

Platzierung: Bad, Wintergarten

20–60 cm · bis 180 cm · bis 400 cm

Die schönsten Zimmerpflanzen im Porträt

Ceropegia-Arten
Leuchterblume

Arten und Sorten: *Ceropegia linearis* ssp. *woodii*

Blütezeit: ganzjährig

Aussehen: Ampelpflanze; in den Blattachseln erscheinen Kandelaber ähnliche Blütchen mit verwaschen rosafarbener oder grünlicher Röhre und dunkleren Zipfeln, die an der Spitze zusammengewachsen sind. Wuchs: Aus bewurzelten Knollen entspringen fadendünne Triebe; an den Sprossabschnitten bilden sich jeweils zwei herzförmige, fleischige Blättchen mit marmorierter Zeichnung.

Pflege: Anspruchslos, verträgt trockene Heizungsluft, kommt mit wenig Wasser aus.

Besonderheiten: Lässt sich leicht aus Knöllchen an Trieben vermehren.

Platzierung: Wohnräume, Küche, Schlafzimmer, Treppenhaus/Flur

Chlorophytum comosum
Grünlilie, Grüner Heinrich

Arten und Sorten: 'Variegata'-Form mit weißer oder gelblicher Längszeichnung; 'Curly Locks': spiralig gedrehte Blätter

Aussehen: Ampelpflanze; Wuchs: rosettenartig, bis 40 cm lange, linealische überhängende Blätter, grün oder grünweiß gestreift; lange, bogig überhängende Triebe (Blütenschäfte), an deren oberen Drittel sich kleine weiße Blütchen und später Jungpflanzen bilden (Kindeln)

Pflege: ganzjährig warm, im Sommer auch ins Freie

Besonderheiten: Jungpflanzen ziehen in Wasser schnell Wurzeln; gut für Hydrokultur geeignet.

Platzierung: Wohnräume, Bad

Cissus-Arten
Klimme

Arten und Sorten: Russischer Wein (*Cissus antarctica*): dunkelgrüne, glänzende Blätter, verträgt Schatten; Königswein (*C. rhombifolia*), z. B. Sorte 'Ellen Danica': dreigeteilte, dunkelgrüne, glänzende Blätter; Bunte Klimme (*C. discolor*): herzförmige, längliche Blätter, im Winter über 18 °C halten.

Aussehen: Kletterpflanze mit langen Trieben; auch überhängend als Ampelpflanze; Blätter je nach Art verschieden

Pflege: Benötigt Zimmertemperatur; sparsam gießen, vor allem im Winter. Im Sommer reichlich düngen.

Besonderheiten: gut für Hydrokultur geeignet

Platzierung: Wohnräume, Treppenhaus, Wintergarten

bis 150 cm | 15–80 cm | bis 300 cm

Die dritte Dimension

Columnea-Arten
Kolumnee

Blütezeit: Herbst oder Nachwinter

Aussehen: Ampelpflanze; Wuchs: lang herabhängende Triebe mit kleinen, harten Blättern; zinnoberrote, orangerote oder gelbe Blüten, auch mit gelbem Schlund

Pflege: Im Winter bei 15–18 °C halten, kühlere Temperaturen fördern den Blütenansatz. Mit temperiertem, kalkarmem Wasser gießen. Für hohe Luftfeuchtigkeit sorgen, aber nicht einsprühen.

Besonderheiten: Lässt sich leicht durch Stecklinge vermehren.

Platzierung: Wohnräume, Küche, Bad, Wintergarten

Epipremnum pinnatum
Efeutute

Arten und Sorten: 'Marble Queen': weißbunte Blätter; 'Aureum': gelbbunte Blätter

Aussehen: Ampelpflanze, hochgebunden an Klettergerüst oder Moosstab; etwas ledrige, herzförmige, spitz auslaufende Blätter

Pflege: Verträgt keine Sonne! Ganzjährig warm halten, verträgt trockene Zimmerluft, pflegeleicht. Blätter gelegentlich feucht abwischen.

Besonderheiten: Lässt sich aus Stecklingen mit zwei bis drei Blättern leicht vermehren. Enthält Haut und Schleimhaut reizende Stoffe, für Hydrokultur geeignet.

Platzierung: Wohnräume, Wintergarten

Gloriosa superba
Ruhmeskrone

Blütezeit: Sommer bis Herbst

Aussehen: auffallend durch große feuerrote, gelbe oder orangerote Blüten; hellgrüne, spitz zulaufende Blätter; walzenförmige Rhizome

Pflege: Während der Ruhezeit von November bis Februar bei 12–15 °C aufstellen; in dieser Zeit nicht gießen, die Pflanze zieht ein. Im Frühjahr Rhizom topfen und bei 20 °C aufstellen. Während Wachstumsphase gut feucht halten und wöchentlich düngen.

Besonderheiten: Die langen Triebe an einer Rankhilfe befestigen.

Platzierung: Wohnräume, Wintergarten

40–80 cm | bis 300 cm | 30–200 cm

Die schönsten Zimmerpflanzen im Porträt

Hedera helix

Efeu

Arten und Sorten: Klein- und großblättrige, grün- und buntblättrige Arten und Sorten, aufrecht wachsende Sorte 'Congesta'

Aussehen: Kletterstrauch, oft als Formgehölz an Spalieren oder Drahtgeflechten oder als Ampel; lange Triebe; ledrige, leicht glänzende, 3- bis 5-fach gelappte Blätter

Pflege: Braucht luftigen Platz bei Zimmertemperatur oder kühler (6–18 °C), buntblättrige Sorten nicht unter 15 °C und hell stellen. Blattarme Wintertriebe im Frühjahr zurückschneiden.

Besonderheiten: Vermehrung durch Kopfstecklinge in Wasser oder Erde; gut für Hydrokultur geeignet.

Platzierung: Wohnräume, Treppenhaus/Vorraum, Wintergarten

Hoya carnosa

Wachsblume

Arten und Sorten: 'Compacta'; 'Variegata': gelbweiße, rot geränderte Blätter; *Hoya bella*: kleine Blätter, Ampelpflanze; *H. kerrii*: herzförmige Blätter, cremefarbene Blüten

Blütezeit: Ende Mai bis September

Aussehen: Ampelpflanze oder zum Aufbinden an Rankhilfe; sternförmige Einzelblüten mit rotem Fleck, wachsartig schimmernd, in kurz gestielten Dolden; fleischige, dunkelgrün-glänzende, spitzeirunde Blätter

Pflege: Anspruchslos; Temperatur im Winter über 15 °C, gleichmäßig feucht halten.

Besonderheiten: Blüten sondern honigsüße Nektartropfen ab. Blütenstiele stehen lassen!

Platzierung: Wohnräume, Wintergarten

Jasminum officinale

Zimmerjasmin

Arten und Sorten: *Jasminum sambac*: kann im Winter wärmer als *J. officinale* stehen

Blütezeit: je nach Kulturführung zu unterschiedlichen Zeiten

Aussehen: Rankpflanze mit langen dünnen, stark wachsenden Trieben; röhrenförmige Blüten mit sternartiger Öffnung in Trugdolden, meist weiß, auch rosa oder gelb; glänzend grüne, manchmal gefiederte Blätter

Pflege: Im Winter Erde nur leicht feucht halten, kühl bei 8–10 °C halten; sobald Knospen erscheinen, wärmer stellen. Mit kalkarmem Wasser gießen. Im Sommer feucht halten. Triebe an Rankhilfe aufbinden.

Besonderheiten: Wegen des starken Duftes nicht geeignet für Wohnräume.

Platzierung: Treppenhaus/Vorraum, Wintergarten

bis 200 cm | bis 200 cm | 50–150 cm

Die dritte D'mension

Muehlenbeckia complexa

Mühlenbeckie

Arten und Sorten: 'Nana': niedriger Wuchs, nicht kletternd

Aussehen: Rankpflanze; Wuchs: Strauchig mit meterlangen Trieben, emporkletternd oder herabhängend; kleine, rundliche Blättchen, hell- bis frischgrün

Pflege: Eher kühl und luftig halten. Mäßig gießen, Ballen nicht austrocknen lassen. Im Sommer ins Freie stellen.

Besonderheiten: Lässt sich gut in Form schneiden; zum Begrünen von Rankgerüsten; als Bodendecker zum Umspielen von Hochstämmchen geeignet.

Platzierung: Schlafzimmer, Treppenhaus/Vorraum, Wintergarten (kühl)

Passiflora-Arten und -Hybriden

Passionsblume

Arten und Sorten: Passiflora caerulea: häufigste Art, robust

Blütezeit: Juni bis September

Aussehen: für Topf- oder Wandspaliere; auffallende, große Blüten in Weiß, Himmelblau, Weinrot oder Violett; Blätter breitherzförmig, mittelgrün, 3- bis 9-fach gelappt

Pflege: Im Winter kühl 6–8 (–12)°C und luftig halten. Rückschnitt Ende Februar auf etwa fünf Augen, ab März wärmer stellen und dosiert gießen. Im Sommer ins Freie stellen, dann reichlich gießen und wöchentlich düngen. Große Pflanzen in Kübel mit lehmhaltiger Erde setzen.

Besonderheiten: Unter günstigen Bedingungen bilden sich Maracuja-Früchte aus.

Platzierung: Wintergarten

Philodendron scandens

Kletter-Philodendron

Aussehen: Breite, lederige, herzeiförmige Blätter, rankt üppig hängend oder an Moosstäben und ähnlichen Rankgerüsten empor.

Pflege: Robust, pflegeleicht; benötigt Zimmertemperatur, im Winter kühl nicht unter 15°C stellen. Gleichmäßig feucht halten, in der Wachstumsperiode im Sommer bei jedem dritten Gießen düngen.

Besonderheiten: Lässt sich leicht durch Kopf- oder Triebstecklinge vermehren. Bei Pflegefehlern anfällig für Schildläuse.

Platzierung: Wohnräume, Küche, Bad, Wintergarten

10–150 cm 50–200 cm bis 100 cm

Die Erläuterungen zu den Symbolen fir den Sie auf Seite 2.

Die schönsten Zimmerpflanzen im Porträt

Saxifraga stolonifera

Hängender Steinbrech, Judenbart

Arten und Sorten: 'Tricolor': Blätter grün mit weißem Rand, rosa überhaucht

Aussehen: Ampelpflanze; rosettenartiger Wuchs mit langen Ausläufern, an denen sich Kindel bilden; Blätter klein, rundlich oder nierenförmig; im Sommer weiße Blüten in Rispen

Pflege: Temperatur im Winter kühl bei bis 5 °C ('Tricolor' bei mindestens 16 °C)

Besonderheiten: Leicht über Kindel zu vermehren.

Platzierung: Wohnräume, Schlafzimmer, Treppenhaus/Vorraum, Wintergarten

Scindapsus pictus

Gefleckte Efeutute

Arten und Sorten: 'Argyraeus'

Aussehen: Kletterpflanze und Ampelpflanze; eiförmig-asymetrische, ledrige Blätter mit ausgezogener Spitze, auffallende Zeichnung durch silbrige Flecken auf dunkelgrünem Grund

Pflege: Braucht ganzjährig Wärme über 18 °C und hohe Luftfeuchtigkeit. Kommt an einem schattigen Standort zurecht. Gießen mit kalkarmem Wasser.

Besonderheiten: Lässt sich durch Triebstecklinge vermehren.

Platzierung: Bad, Wintergarten (feuchtwarm)

Stephanotis floribunda

Kranzschlinge

Blütezeit: Juni bis September

Aussehen: Rankpflanze; ledrige, glänzende, dunkelgrüne Blätter; trichterförmige Blüten mit sternartiger Öffnung in lockerer Dolde

Pflege: Temperatur im Winter optimal bei 12–16 °C, Schwankungen meiden. Ab März bis August reichlich gießen und alle zwei Wochen düngen. Pflanze nach Knospenansatz nicht drehen.

Platzierung: Treppenhaus/Vorräume, Wintergarten

10–40 cm

50–200 cm

bis 150 cm

Die dritte Dimension

Syngonium podophyllum

Purpurtute

Blütezeit: Frühsommer bis Sommer

Aussehen: Überhängender oder kletternder Wuchs. Junge Blätter pfeilförmig und ganzrandig, ältere geteilt oder gelappt mit weißen Blattadern. Wurzelt an Blattknoten. Aronstabblüten mit innen purpurrotem Hüllblatt

Pflege: Ganzjährig warm, nicht unter 15 °C. Durch häufiges Einsprühen für hohe Luftfeuchtigkeit sorgen. In saures Substrat topfen und mit weichem Wasser gießen

Besonderheiten: Nicht in tiefe Töpfe pflanzen.

Platzierung: Wohnräume, Bad, warmer Wintergarten

Tetrastigma voinierianum

Kastanienwein, Tonkingwein

Aussehen: Kletterpflanze; fünfzählige, gezähnte Blätter, unterseits braunfilzig behaart, bis 25 cm lang an 5 bis 7 cm langen Stielen, sehr wüchsig

Pflege: Benötigt im Winter Temperatur von etwa 12–15 °C. Verträgt trockene Luft und kalkhaltiges Wasser. Braucht für üppigen Wuchs im Sommer wöchentlich Volldünger.

Besonderheiten: Braucht stabiles Spalier.

Platzierung: Wohnräume, Wintergarten

Tradescantia-Arten

Tradeskantie, Zebrakraut

Arten und Sorten: *Tradescantia fluminensis* in Sorten: bunt gezeichnet; *T. cerinthoides:* grünblättrig; *T. zebrina:* grün-weiß gezeichnet

Blütezeit: Spätwinter oder Frühling

Aussehen: Ampelpflanze mit langen, saftreichen Stängeln, die durch Blattknoten unterteilt sind. Die spitz zulaufenden, fleischigen Blättchen legen sich tütenförmig über die Blattknoten; Blätter grün, oft rosa gezeichnet.

Pflege: Braucht ganzjährig Zimmertemperatur, mindestens 10–12 °C, gleichmäßig feucht halten.

Besonderheiten: Lässt sich leicht durch Kopfstecklinge vermehren.

Platzierung: Wohnräume, Bad, Wintergarten

60–200 cm | bis 400 cm | bis 80 cm

Die Erläuterungen zu den Symbolen finden Sie auf Seite 2.

Die schönsten Zimmerpflanzen im Porträt

Unter Palmen

Palmen sind die Riesen bei den Zimmerpflanzen – im Vergleich zu den riesigen Kokospalmen oder Dattelpalmen in ihrer Heimat jedoch nur Liliputaner. Keine andere Pflanzengruppe vermag so eindrücklich tropisches oder subtropisches Flair in die Häuser zu bringen. Sich unter einem Baldachin aus Palmenblättern in den Süden träumen...

In großen Wohnräumen und Wintergärten kommen die oft zimmerhohen Exemplare am besten zur Geltung. Gut ist es, wenn man den Riesen im Sommer einen Platz im Freien anbieten kann, sie sind dafür bestens ausgerüstet. Zimmerpflanzengärtner haben die Qual der Wahl: Fiederpalme oder Fächerpalme?

Erfahrene Zimmerpflanzengärtner wählen danach aus, welche Lebensbedingungen sie den Pfleglingen anbieten können: Etliche Arten lieben es tropisch warm bei hoher Luftfeuchtigkeit, andere wie die elegante Kentiapalme kommen mit der Trockenheit in Wohnräumen sehr gut zurecht.

Elegant gefiederte Palmen kommen in hohen und weiten Räumen sehr gut zur Geltung. Sie sind unverzichtbar für repräsentative Raumgestaltungen . <<

Palmen, wie hier die Dattelpalme, brauchen rundherum Platz für ihre Raum greifenden Wedel. Im Sommer dürfen sie nach draußen auf die Terrasse umziehen. >>

Die schönsten Zimmerpflanzen im Porträt

Caryota mitis

Fischschwanzpalme

Aussehen: Fiederpalme; buschiger, in die Breite gehender Wuchs mit Ausläuferbildung; doppelt gefiederte Blätter mit Fiederblättern, die Fischschwänzen ähneln

Pflege: Ganzjährig warm stellen bei mindestens 18 °C und hoher Luftfeuchtigkeit.

Besonderheiten: Lässt sich gut durch Teilen vermehren.

Platzierung: Wintergarten

Chamaedorea elegans

Bergpalme

Aussehen: Fiederpalme; zierlicher Wuchs mit schlanken Blattstielen und schmalen Fiederblättern; rispige, gelbe Blütenstände zwischen den Blättern

Pflege: Ideale Zimmerpflanze zur Raumgestaltung, da schattenverträglich! Ruhezeit etwa Oktober bis Februar bei 10–14 °C; Wurzelballen mild feucht halten, für hohe Luftfeuchtigkeit sorgen. Wachstumszeit Frühjahr bis Sommer, in dieser Zeit reichlich gießen.

Besonderheiten: Blüht schon als junge Pflanze und setzt Früchte an!

Platzierung: Wohnräume, Wintergarten

Chamaerops humilis

Zwergpalme

Aussehen: Fächerpalme; buschiger, ausladender Wuchs; fächerartige, tief geschlitzte Blätter mit stark bedornten Blattstielen

Pflege: Im Winter sehr kühl bei 4–12 °C aufstellen, verträgt sogar leichten Frost. Verträgt auch ungünstige Belichtungsverhältnisse. Im Winter so gut wie gar nicht gießen, im Sommer reichlich. Nie in den Blattschopf gießen. Die Erde sollte etwas lehmig sein. Ab Spätfrühjahr bis Spätherbst ins Freie stellen.

Besonderheiten: Verletzungsgefahr an Dornen!

Platzierung: Treppenhaus/Vorraum, Wintergarten (kühl)

bis 150 cm   bis 200 cm   bis 250 cm

Die Erläuterungen zu den Symbolen finden Sie auf Seite 2.

Chrysalidocarpus lutescens

Goldfruchtpalme, Arecapalme

Aussehen: Fiederpalme; buschiger Wuchs mit Ausläuferbildung; schlanker Stamm; etwa 1 m lange, überhängende Wedel, kammartig gefiedert mit gelblicher Färbung; bildet goldfarbene Früchte aus.

Pflege: Ganzjährig warm bei mindestens 15 °C und hoher Luftfeuchtigkeit halten, auch im Winter. Während Wachstumszeit reichlich gießen und wöchentlich düngen. Im Sommer ins Freie stellen.

Besonderheiten: Ältere Exemplare lassen sich teilen; gut für Hydrokultur geeignet.

Platzierung: Wohnräume, Wintergarten (feucht-warm)

Cocos nucifera

Kokospalme

Aussehen: Fiederpalme; schlanker, brauner Stamm; im Jugendstadium ungeteilte, breit lanzettliche Blätter

Pflege: Anspruchsvoll, ganzjährig warm (im Winter 15–18 °C bei hoher Luftfeuchtigkeit halten. Zusatzbeleuchtung im Winter ist sinnvoll. Braucht vor allem im Sommer viel Wasser und muss regelmäßig alle zwei Wochen gedüngt werden. Im Sommer ins Freie stellen.

Besonderheiten: Lässt sich selbst anziehen. Dazu eine Nuss quer in Erde legen und zur Hälfte eindrücken. Keimt nach 4–6 Monaten.

Platzierung: Wohnräume, Wintergarten (feucht-warm)

Howea-Arten

Kentiapalme

Arten und Sorten: *Howea belmoreana*: straff aufrechter Wuchs; *H. forsteriana*: breit überhängender Wuchs

Aussehen: Fiederpalme mit elegant überhängenden Wedeln

Pflege: Anspruchslos, schattenverträglich, hat keine ausgeprägte Ruhezeit (im Winter um 18 °C) und verträgt trockene Zimmerluft. Mäßig gießen. In Tontopf in lehmige Erde pflanzen. Im Sommer ins Freiland stellen.

Besonderheiten: Im Handel werden oft mehrere Exemplare im Topf zusammengepflanzt. Die wichtigste und beliebteste Zimmerpalme!

Platzierung: Wohnräume, Wintergarten

bis 200 cm | bis 200 cm | bis 250 cm

Die schönsten Zimmerpflanzen im Porträt

Livistona-Arten

Livistonie, Schirmpalme

Arten und Sorten: *Livistona australis:* breite, dunkelgrüne Blätter; *L. chinensis:* glänzende, elliptische Blätter; *L. rotundifolia:* runde Fächer, braune Stiele

Aussehen: Fächerpalme; niedriger Stamm, bildet auf langen Stielen große, halbkreisförmige Blätter mit einem Durchmesser von bis zu 90 cm.

Pflege: Robust, pflegeleicht; im Winter bei 14–18 °C halten, bei wärmerem Stand braucht sie viel Wasser. Im Sommer nach draußen stellen.

Besonderheiten: Vorsicht: scharfkantige Blattstiele mit Dornen!

Platzierung: Wohnräume, Wintergarten

Lytocaryum weddelianum

Kokospälmchen

Aussehen: Fiederpalme; zierlicher Wuchs; aufrecht stehende, fein paarig gefiederte Wedel, unterseits grauweiß angelaufen

Pflege: Ganzjährig warm bei mindestens 18 °C und hoher Luftfeuchtigkeit halten. Durch Besprühen und wassergefüllten Untersetzer für höhere Luftfeuchtigkeit sorgen. Zeigt Pflegefehler wie Ballentrockenheit und zu trockene Luft durch braune Spitzen.

Platzierung: Wohnräume, Wintergarten (feucht-warm)

Phoenix-Arten

Dattelpalme

Arten und Sorten: Kanarische Dattelpalme *(Phoenix canariensis):* niedriger Stamm, ledrige, dunkelgrüne Wedel; Zwergdattelpalme *(P. roebelenii):* oft mehrstämmig; überhängende, dunkelgrüne, weiche Wedel

Aussehen: Fiederpalme

Pflege: *P. canariensis* benötigt luftigen Stand, im Winter bei 4–10 °C, im Sommer ins Freie stellen. *P. roebelenii* im Winter mindestens 18 °C bei hoher Luftfeuchtigkeit stellen, ganzjährig drinnen, benötigt schattigeren Stand.

Platzierung: Wohnräume, Wintergarten

bis 200 cm   bis 150 cm   bis 200 cm

Die Erläuterungen zu den Symbolen finden Sie auf Seite 2.

Rhapis-Arten

Steckenpalme

Arten und Sorten: *Rhapis excelsa*: bis 200 cm, Fächer tief eingeschnitten und etwas bogig; *R. humilis*: gedrungener, 100 cm hoch, kleinere Fächer

Aussehen: Fächerpalme; buschiger Wuchs mit schlanken Stämmchen, an deren Spitze 15 bis 30 cm große Fächer, Pflanze tief dunkelgrün

Pflege: Robuste Zimmerpflanzen, vertragen Schatten und trockene Zimmerluft. Im Winter kühler bei etwa 5–10 °C halten. Im Sommer an schattigen Platz ins Freie stellen. In lehmhaltiges Substrat pflanzen, für guten Wasserabzug sorgen.

Besonderheiten: gut für Hydrokultur geeignet

Platzierung: Wohnräume, Wintergarten

Sabal-Arten

Sabalpalme

Arten und Sorten: *Sabal minor*: unterirdischer Stamm mit Blattschopf, blaugrün; *S. palmetto*: oberirdischer, schlanker Stamm, dunkelgrün

Aussehen: Fächerpalme; tiefeingeschnittene Fächerblätter, bis 1 m breit

Pflege: Ganzjährig sehr hell stellen, im Winter bei 10–15 °C. Im Sommer nach draußen stellen. Lehmhaltiges Pflanzsubstrat mit gutem Wasserabzug, da empfindlich gegen stehende Nässe.

Platzierung: Wintergarten (kühl)

Washingtonia-Arten

Priesterpalme

Arten und Sorten: *Washingtonia robusta*: glänzend grün; *W. filifera*: mit herabhängenden braunen Randfasern, graugrün

Aussehen: Fächerpalme; niedrige Stämme, von denen die sehr großen, nahezu kreisförmigen Fächer schräg abstehen. Zierendes Merkmal sind die abstehenden Randfasern und bedornte Blattstiele.

Pflege: Benötigt hellen, luftigen Stand, im Winter kühl bei 5–8 °C. Ältere Exemplare müssen im Sommer ins Freie.

Besonderheiten: Wächst rasch.

Platzierung: Wintergarten (kühl)

bis 200 cm

bis 200 cm

bis 300 cm

Die Erläuterungen zu den Symbolen finden Sie auf Seite 2.

Zimmer-Bonsai

Sie als Zimmerpflanzen zu bezeichnen, wird diesen Wunderwerken wahrlich nicht gerecht. Es handelt sich um lebende Kunstwerke, die besonderer Hinwendung bedürfen. Sie sind also nichts für Eilige und Vielreisende, vielmehr sind Kreativität, Ruhe und Hingabe gefordert.

„Verkleinerte Abbilder der Natur" werden sie oft genannt, und diese Beschreibung passt sicher gut. Dabei birgt der Begriff Bonsai noch viel mehr in sich, nämlich die Kunst, einen vom Menschen geformten Baum oder Strauch ganz natürlich aussehen zu lassen, seine Wuchsform zu erkennen und sie im Kleinen zu perfektionieren. Bonsai bezeichnet außerdem eine jahrhundertealte Methode, Bäume und Sträucher, die in besonderen flachen Schalen wachsen, auf eine bestimmte Weise zu schneiden.

Mal eben einen günstigen Bonsai im Baumarkt zu erstehen und ihn wie die anderen Zimmerpflanzen zu behandeln, das wird keinen Erfolg haben.
Gerade für Einsteiger gibt es relativ pflegeleichte Arten, zum Beispiel Ölbaum und Elefantenfuß, daneben einige pflegeintensive Exemplare, wie Ulme und Chinesischer Teebaum, die im Zimmer gut bestehen können. Die weitaus größere Vielfalt gibt es bei Freiland-Bonsais, die ganzjährig draußen bleiben.

Wer sich für einen Bonsai entscheidet und die fernöstliche Philosophie hinter dieser besonderen Erziehungsmethode entdeckt, wird sich nicht mehr davon abwenden können. <<

Es gibt sehr viele Bonsais für draußen, aber auch eine kleinere Auswahl für das Zimmer. In besonderen Gefäßen kommen die edlen und meist teuren Gewächse noch besser zur Geltung. >>

Standort und Pflege

Wie bei anderen Gattungen und Arten auch, unterscheiden sich die Ansprüche an Standort und Pflege. Allgemein kann man aber sagen, dass die Temperaturen bei der Bonsaikultur im Sommer zwischen 18 und 25 °C liegen sollten. In der lichtarmen Winterzeit muss es dagegen meistens etwas kühler sein, sonst können die Bäume schnell krank werden. Im Sommer stehen auch Zimmerbonsais gut an einem geschützten Ort im Freien. Außerdem wird meistens zu trockene Luft schlecht vertragen: Sorgen Sie also unbedingt für einen höhere Luftfeuchtigkeit. Ein heller Platz ist vor allem im Winter wichtig für das Gedeihen des kleinen Baumes.

Wasser und Nährstoffe

Bonsais wachsen in relativ flachen Gefäßen und müssen deshalb häufig gegossen werden. Eine exakte Regel kann man zwar nicht aufstellen, aber ein Bonsai sollte nie ganz austrocknen. Im Winter schränkt man dagegen die Wassergaben ein, vor allem bei laubabwerfenden Arten. Wie gedüngt werden soll, muss unbedingt beim Kauf im Fachgeschäft erfragt werden. Bei den meisten Arten ist in der Vegetationsperiode eine 14-tägige Düngung mit Bonsai-Dünger empfehlenswert. Im Winter wird dagegen nur noch alle sechs Wochen in verdünnter Konzentration gedüngt. Laubabwerfende Arten benötigen in dieser Zeit keine Nährstoffe.

Krankheiten und Schädlingen vorbeugen

Ein „guter" Bonsai aus dem Fachgeschäft, einige Jahre alt und perfekt geformt, hat seinen Preis. Umso mehr muss man darauf achten, dass der passende Standort und die richtigen Pflegemaßnahmen den Pflanzenschatz wachsen und gedeihen lassen.

Durch einige vorbeugende Maßnahmen kann man den Befall mit Krankheiten und Schädlingen reduzieren:

- Werkzeuge desinfizieren
- Kontrolle von Blättern, Zweigen und Ästen auf Schädlinge und Krankheiten, damit ein Befall frühzeitig entdeckt wird
- Luftfeuchtigkeit dauerhaft hoch halten
- Kranke und befallene Blätter und Triebe entfernen
- Nicht zu viel düngen!
- Wunden versiegeln

Für Bonsais gibt es besondere, flache Pflanzschalen. Die Schale sollte immer größer als der Pflanzballen sein und am Boden ein Loch als Gießwasserdränage haben. <<

Zum Gießen benutzt man am besten eine Ballbrause. Damit kann man gleichmäßig Wasser aufbringen ohne den Boden zu verschlämmen.

Ganz wichtig ist die Auswahl des richtigen Substrates. <<

Jr-Mittel, Spaghnum-Moos, Spezialdünger – im Bonsaihandel findet man alles. >>

Erziehung und Schnitt

Ohne einen regelmäßigen Schnitt wird ein Bonsai völlig aus der Form geraten. Äste, Zweige und Triebe müssen deshalb immer wieder gestutzt und geschnitten werden, um das „lebende Kunstwerk" auch zu erhalten. Wie oft dies der Fall ist, liegt allerdings an der jeweiligen Pflanzenart. Es gibt Bonsais, die nur ein- bis zweimal im Jahr geschnitten werden, während andere, die immer wieder neu austreiben, vom Frühjahr bis in den Herbst einen Schnitt benötigen. Am besten lässt man bis zu sechs Blätter oder Blattpaare stehen und schneidet alles, was darüber hinaus ausgetrieben ist, weg.

Die Regeln des Schnittes
- Den oberen Teil des Bonsai stärker schneiden als den unteren.
- Vertrocknetes und nach unten Wachsendes entfernen.
- Zu dichtes Laub auslichten.
- Große Schnittflächen nach dem Schnitt mit einem Wundbalsam bestreichen.
- Immer sauberes und scharfes Werkzeug verwenden!

Drahten

Häufig wirken Bonsais eigentümlich geformt und auf eine schöne Weise gedrungen. Diesen Wuchs erreicht man durch das Drahten, indem Stamm, Äste und Zweige mit kupfereloxiertem Aluminiumdraht umwickelt werden. Arbeiten Sie dabei von unten nach oben und drücken Sie die Äste oder den Stamm in die gewünschte Form. Beim Drahten muss man vorsichtig vorgehen, um die Pflanze nicht zu verletzten. Der Draht muss nach einiger Zeit wieder entfernt werden, damit er nicht einwächst.

Zimmer-Bonsai

Für Anfänger immer eine besondere Herausforderung: der Bonsaischnitt. »

Gedrahtet wird, um die Form des Bonsais zu korrigieren. «

Für jede Arbeit gibt es spezielles Werkzeug. «

Umtopfen

Bedingt durch die flachen Schalen und die begrenzt zur Verfügung stehende Erde ist ein Umtopfen nach zwei bis drei Jahren nötig. Wie bei den meisten anderen Pflanzen auch bietet sich das Frühjahr und die einsetzende Entwicklung hierfür an. Nehmen Sie eine durchlässige Erde, die Sand und Lehmgranulat enthalten kann, im Handel gibt es außerdem spezielle Bonsaierden.

Tipp

Das Schneiden und Drahten ist eine besondere Kunst. Wer es richtig machen will, sollte sich vor dem Kauf alles genau vom Fachmann zeigen lassen oder in Bonsai-Zentren und bei Fachhändlern Kurse belegen, in denen die Techniken genau erklärt werden.

Die schönsten Zimmerpflanzen im Porträt

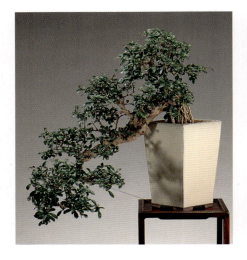

Carmona retusa

Chinesischer Teebaum, Fukientee

Blütezeit: fast ganzjährig

Aussehen: weiße Blüten, zunächst grüne, dann rote, sauer schmeckende Beeren; Wuchs: immergrüner Baum mit bräunlich-grauer Rinde mit feinen Rissen; dunkelgrüne Blätter oberseits mit kurzer, weißer Behaarung

Pflege: Kann im Winter bei Zimmertemperatur oder kühler stehen (12–22 °C), für hohe Luftfeuchtigkeit sorgen. Im Sommer gleichmäßig feucht halten, am besten den Wurzelballen bis zum Stammansatz tauchen, organischen Flüssigdünger ins Tauchwasser geben. Ab Ende Mai bis September ins Freie stellen.

Besonderheiten: Wegen des sparrigen Wuchses drahten.

Platzierung: Wohnräume, Wintergarten

Euonymus japonicus

Japanischer Spindelstrauch

Arten und Sorten: 'Microphyllus', 'Microphyllus Variegatus', 'Microphyllus Aurea'

Blütezeit: Frühsommer

Aussehen: immergrüner, dichtbuschiger Strauch mit glänzenden, dunkelgrünen Blättern

Pflege: Sehr heller Platz im Winter bei mindestens 10 °C, buntblättrige Sorten mindestens 15 °C, von Mai bis Oktober ins Freie stellen. Sparsam wässern, den Wurzelballen jedoch nie ganz austrocknen lassen. Jungpflanzen häufig stutzen, um zu guter Verzweigung anzuregen, sehr schnittverträglich, lässt sich drahten.

Besonderheiten: Lässt sich gut aus Stecklingen vermehren.

Platzierung: Wohnräume, Treppenhaus, Wintergarten

Ficus microcarpa var. *microcarpa*

Vorhang-Feige, Chinesischer Feigenbaum

Aussehen: immergrüne, schmal- bis breitelliptische, dunkelgrüne Blätter

Pflege: Ganzjährig hell und warm stellen; Temperaturschwankungen und Zugluft vermeiden. Standplatz: im Winter bei 15–20 °C, nicht über dem Heizkörper, bei möglichst hoher Luftfeuchtigkeit; von Ende Mai bis September im Freien. Wasserversorgung im Sommer am besten durch Tauchen des Wurzelballens in Regenwasser oder abgestandenes, kalkarmes Leitungswasser. „Blutende" Wunden durch Überbrausen mit Wasser stillen.

Besonderheiten: Bildet oft Luftwurzeln aus.

Platzierung: Wohnräume, Wintergarten

15–80 cm

15–50 cm

15–100 cm

Die Erläuterungen zu den Symbolen finden Sie auf Seite 2.

Zimmer-Bonsai

Ligustrum sinense
Chinesischer Liguster

Blütezeit: Sommer

Aussehen: duftende, weiße Blütchen, schwarze Beerenfrüchte; Wuchs: sommergrün, gut verzweigt, kleine, elliptisch-längliche oder lanzettliche glänzende Blättchen

Pflege: heller Stand, nicht in praller Sonne; Temperatur im Winter um 15 °C; von April bis Oktober ins Freie stellen, so bilden sich feste, gut ausgefärbte Blättchen. Wässern im Sommer am besten durch Tauchen in Wasser, im Winter sparsam gießen. Junge Exemplare alle zwei Jahre umpflanzen, dabei Wurzelschnitt durchführen. Liguster ist gut schnittverträglich und verträgt Rückschnitt ins alte Holz.

Platzierung: Wohnräume, Wintergarten

Olea europaea
Ölbaum, Olivenbaum

Blütezeit: Juli bis August

Aussehen: grobe, graue Rinde; immergrüne, graugrüne, auf der Unterseite silberfarbene Blätter

Pflege: Sonniger oder sehr heller und luftiger Platz; kühle Überwinterung bei 5–10 °C; im Sommer ins Freie stellen. Sehr trockenheitsverträglich, trotzdem Ballentrockenheit vermeiden. Schnitt das ganze Jahr über möglich, aber nicht vor der Blüte, ca. 15 cm lange Triebe auf ein bis drei Blattpaare einkürzen.

Besonderheiten: Formierung zu aufrechten Wuchsformen, Kaskaden oder Halbkaskaden

Platzierung: Treppenhaus, Wintergarten (kühl)

Podocarpus macrophyllus
Tempel-Steineibe, Baum der Buddhisten

Aussehen: Gehölz mit rötlichbrauner Borke und gelblichgrünen Sprossen. Die flachen, eibenähnlichen Nadeln sind zunächst hellgrün, später dunkelgrün, stehen aufrecht oder abgespreizt.

Pflege: Heller Fensterplatz, von Ende Mai bis September halbschattig im Freien; im Winter optimal 10–15 °C, auch wärmer; bei kühlem Stand fast trocken halten. Umtopfen alle zwei bis fünf Jahre im Herbst. Einkürzen durch Herauszupfen der Triebe, Nadelspitzen nicht beschädigen.

Besonderheiten: Nicht mit der Eibe verwandt und deshalb nicht giftig.

Platzierung: Treppenhaus, Schlafzimmer, Wintergarten (kühl)

15–50 (150) cm

15–80 (250) cm

15–80 (190) cm

Die schönsten Zimmerpflanzen im Porträt

Portulacaria afra

Jadebaum, Elefantenbusch, Afrikanischer Speckbaum

Blütezeit: Blüht in der Topfkultur nur selten.

Aussehen: Blüte: blassrosa; Wuchs: verzweigt mit fleischigen Trieben; Stamm mit braunroter bis grauer Rinde; sukkulente, verkehrt-eiförmige, saftig-grüne Blätter, oft rot gerandet, 1–2 cm lang

Pflege: Sonniger, luftiger Stand; im Winter 8–16 (22) °C; sandig-lehmiges, durchlässiges Substrat; nur sporadisch gießen, nur im Frühjahr einmal düngen. Sehr schnittverträglich, Neuaustriebe laufend zurückschneiden. Umtopfen alle zwei bis fünf Jahre, dabei Wurzeln um 1/3 einkürzen.

Besonderheiten: Lässt sich leicht aus Stecklingen vermehren

Platzierung: Wohnräume, Wintergarten

Sageretia theezans

Sageretie

Blütezeit: August bis November

Aussehen: unscheinbare gelblichweiße Blüten in Rispen; kleine, blaue Beeren; Wuchs: glatte braune bis graue Rinde, weiß gefleckt (wie Platanen), fingernagelgroße, frischgrüne Blätter

Pflege: Standplatz hell, vor direkter Sonne geschützt; im Sommer leicht schattiert im Freien; im Winter optimal bei 12–18 °C oder bei Zimmertemperatur, nicht über Heizkörper. Bei Zimmertemperatur häufig übersprühen, vorsichtig gießen. Vor der Blüte nicht schneiden.

Besonderheiten: Sehr wuchsfreudig und gut formbar, reagiert sehr empfindlich auf Pflegefehler.

Platzierung: Wohnräume, Schlafzimmer, Treppenhaus, Wintergarten

Serissa foetida

Junischnee, Baum der tausend Sterne

Arten und Sorten: 'Variegata' mit gelbbunten Blättern

Blütezeit: Hauptblütezeit Juni, weitere Blühphasen

Aussehen: je nach Sorte weiße oder rosafarbene, einfache oder gefüllte Blüten; kleine, ovale bis längliche Blätter

Pflege: Standplatz hell, vor direkter Sonneneinstrahlung geschützt, nicht über Heizkörper; ab Ende Mai bis September ins Freie; Wintertemperatur 12–20 °C; auf Umstellen reagiert Junischnee mit Abwerfen der Blätter. Wurzelballen mäßig feucht halten und mäßig düngen. Alle zwei Jahre Rückschnitt ins alte Holz.

Besonderheiten: Wurzeln mit unangenehmem Geruch

Platzierung: Wohnräume, Schlafzimmer, Wintergarten

15–80 (200) cm

15–40 cm

15–40 cm

Die Erläuterungen zu den Symbolen finden Sie auf Seite 2.

Zimmer-Bonsai

Szygium paniculatum

Kirschmyrte

Blütezeit: Frühsommer

Aussehen: weiße, pinselartige, duftende Blüten in Büscheln; runde, rosa- bis violettfarbene Früchte; Wuchs: immergrün, dicht belaubt, elliptische bis lanzettliche, lederartige Blätter, im Austrieb bräunlich-kupferfarben, später dunkelgrün

Pflege: Heller, luftiger Platz; Wintertemperatur optimal 10–13 °C, bei sehr hellem Stand auch wärmer; von April bis Oktober ins Freie stellen. Ab April nicht mehr schneiden, da sich sonst kaum Blüten bilden, gut schnittverträglich.

Besonderheiten: Verzweigt sich auch ohne Schnitt gut.

Platzierung: Wohnräume, Schlafzimmer, Treppenhaus, Wintergarten

Ulmus parvifolia

Japanische Ulme

Blütezeit: Spätsommer bis Herbst

Aussehen: Winzige rosa Blütchen, aus denen sich breite geflügelte Früchte entwickeln; 2–3 cm lange, eiförmige bis elliptische Blätter, glänzend dunkelgrün.

Pflege: Sehr robust, nimmt Temperaturunterschiede und Pflegefehler nicht gleich übel. Im Sommer ins Freie stellen. Kühl oder warm (8–22 °C), hell und luftig überwintern. Bei warmem Stand bleiben Blätter haften, bei kühlem Stand fallen sie natürlicherweise im Winter ab, Neuaustrieb ab Februar. Eher wenig gießen, Erde zwischendurch antrocknen lassen

Platzierung: Wohnräume, Schlafzimmer, Treppenhaus, Wintergarten

Zanthoxylum piperitum

Szechuanpfeffer, Japanischer Pfeffer

Blütezeit: April bis Juni

Aussehen: gelbgrüne Blüten in Rispen, zweihäusig; gefiederte, bis 15 cm lange, dunkelgrüne, aromatische Blätter

Pflege: Sonnig bis sehr hell stellen, im Winter bei 10–15 °C, nicht über der Heizung. Regelmäßig, aber vorsichtig am besten mit Regenwasser gießen. Während der Hauptwachstumszeit frische Triebe laufend bis zur Grundform zurückschneiden.

Besonderheiten: Verwandt mit Zitrusgewächsen, Blätter duften zitronig, werden in der japanischen Küche verwendet, schwarze Samen sind Pfefferkörner.

Platzierung: Wintergarten

15–50 cm · 15–80 cm · 15–80 (250) cm

Die Erläuterungen zu den Symbolen finden Sie auf Seite 2.

Die schönsten Zimmerpflanzen im Porträt

Die besten Orchideen

Orchideen stehen unangefochen auf Platz 1 der Zimmerpflanzen-Hitliste. Neben den bekannten Phalaenopsis-Sorten gibt es noch viele andere ungewöhnliche Gattungen und Arten, die nicht nur die Herzen der Orchideenliebhaber höher schlagen lassen.

Die Orchideenblüte kann bei den einzelnen Gattungen und Arten zwar sehr unterschiedlich aussehen, ihr Aufbau ist jedoch fast immer gleich: Über den drei Kelchblättern befinden sich drei Kronblätter. Das Kronblatt in der Mitte ist häufig sehr auffallend und zu einem sogenannten Labellum umgewandelt.

Viele Orchideen wachsen terrestrisch, das heißt in der Erde. Sie benötigen völlig andere Bedingungen als die überwiegend in den Tropen beheimateten epiphytisch wachsenden Orchideen, die man auch Baumaufsitzer nennt.

Während terrestrische Orchideen spezielle Rindensubstrate für ihr Wachstum benötigen, setzt man viele epiphytische Orchideen in Körbe oder besondere Töpfe, die den Wurzeln Platz zur Atmung lassen. Gleichzeit benötigen viele von ihnen eine hohe Luftfeuchtigkeit, wie es in tropischen Wäldern üblich ist. Um Wasser für Trockenperioden zu speichern, haben viele Orchideen Verdickungen an der Sprossachse, sogenannte Pseudobulben entwickelt.

Viele Orchideen sind pflegeleichter als man denkt. Vor allem dürfen sie nicht zu viel gegossen werden. «

Kaum eine andere Zimmerpflanze entwickelt so viele Blüten, die so lange halten. »

Die schönsten Zimmerpflanzen im Porträt

Damit die Wurzeln sich gut entwickeln können und es auf keinen Fall zu Staunässe kommt, benötigen die meisten Orchideen ein Spezialsubstrat. «

Es ist nicht ungewöhnlich, dass eine Phalaenopsis-Hybride vier Blütenrispen entwickelt. »

Den Ansprüchen gerecht werden

Bei vielen Arten und Sorten ist eine Temperaturabsenkung in der Nacht erforderlich, vor allem aber in der Ruhezeit. Wird das nicht eingehalten, entwickeln sich keine Blüten.

Für Erdorchideen gibt es besondere Orchideenerde, die vornehmlich aus groben Rindenstücken besteht. Neben der Rinde gibt es Mischungen aus Styroporteilchen, Sphagnum oder Steinwolle, und auch Seramis® oder Hydrokultur sind gut für Orchideen geeignet.

Epiphytisch wachsende Pflanzen kann man gut in Gitter- oder Lattenkörben aus Holz halten, in denen sich die Wurzeln optimal entfalten können.

Damit die häufig benötigte hohe Luftfeuchtigkeit gewährleistet wird, stellt man die Töpfe auf Gitterroste, die in Wasserschalen stehen. Außerdem lohnt sich ein regelmäßiges Besprühen der Blätter und Wurzeln.

Tipp

Wer mit der Orchideenkultur beginnt oder den Pflanzen nicht genügend Wärme und Luftfeuchtigkeit oder aber kühle Bedingungen bieten kann, greift am besten zu Hybriden. Hybriden sind Kreuzungen zwischen verschiedenen Gattungen. Die so entstandenen Pflanzen sind meistens viel pflegeleichter.

Die schönsten Zimmerpflanzen im Porträt

Wasser

Beherzigen Sie bei Orchideen vor allem die Regel, lieber wenig zu gießen! Zu viel Wasser lässt die Wurzeln faulen und das hat schwerwiegende Folgen. Die Ansprüche sind dennoch nicht einheitlich und sollten vor dem Kauf abgefragt werden. Wichtig beim Gießen ist, dass niemals Staunässe entstehen darf, es darf also kein Wasser im Topf stehen bleiben und die Wurzeln dürfen auch nicht ganz nass sein.

Düngen

Wer normalen Blumendünger verabreichen möchte, sollte bei den Orchideen unbedingt im Verhältnis 1:1 mit Wasser verdünnen, denn zu hohe Salzkonzentrationen werden nicht vertragen. Besser sind allerdings spezielle Orchideendünger, die den Nährstoffbedürfnissen der Pflanzen gerecht werden. Düngen Sie nicht in der Ruhephase von Orchideen, auch nach dem Umtopfen müssen einige Wochen Wartezeit eingehalten werden.

Orchideen sind für ihre außergewöhnlichen Blüten bekannt. Der Riemen-Frauenschuh macht da keine Ausnahme. Damit die Blütenstängel nicht abknicken, müssen sie an einem Stab gebunden werden. <<

Platzbedarf

Je nach Standort und Größe beim Kauf entwickeln sich Orchideen zu unterschiedlich großen Pflanzen. Eine genaue Angabe der Höhe ist deshalb nicht immer möglich. Besser ist es, den Platzbedarf anzugeben, denn einige Arten und Sorten bilden lange Blätter mit überhängendem Wuchs und benötigen dann in der Breite mehr Platz. Bei den Porträts ist deshalb der Platzbedarf anstelle der Höhe angegeben.

Die besten Orchideen

Acacallis

Acacallis

Arten und Sorten: *Acacallis cyanea* und *A. carnea* z. B. mit bläulicher Blütenfärbung, duftend

Blütezeit: je nach Art und Sorte unterschiedlich

Aussehen: seltene blaue Blüten; Wuchs: sympodial; Platzbedarf: mittel

Pflege: Substrat ab und zu austrocknen lassen, Blätter aber regelmäßig besprühen. Im Sommer können die Temperaturen auf 30 °C ansteigen, nachts sollten sie bei 18 °C liegen, im Winter während der Ruhephase sollte es deutlich kühler sein; Standort: am warmen Blumenfenster.

Besonderheiten: blaue Blüten

Platzierung: Wohnräume im Sommer, kühles Schlafzimmer, kühler Wintergarten im Winter

Angraecum

Angraecen

Arten und Sorten: *Angraecum sequispedale* (Stern von Madagaskar) z. B. mit weißen, exotisch anmutender Blüten

Blütezeit: je nach Art und Sorte unterschiedlich

Aussehen: unterschiedliche Blütenformen, Labellum häufig mit Sporn, Blüten erscheinen einzeln oder in Trauben; Wuchs: monopodial, epiphytisch, lanzettliche ledrige Blätter; Platzbedarf: mittel.

Pflege: Gleichmäßig feucht halten, auf hohe Luftfeuchtigkeit achten; ganzjährig 20–24 °C, nachts etwas kühler; benötigt keine Ruhezeit.

Besonderheiten: verströmt in der Dämmerung einen intensiven Duft.

Platzierung: Bad, Wintergarten

Beallara Peggy Ruth Carpenter

Beallaraen

Arten und Sorten: Beallara Peggy Ruth Carpenter 'Morning Joy' z. B. ist eine großblumige Meristemsorte.

Blütezeit: ganzjährig

Aussehen: violette Blüten mit schöner Zeichnung, größeres Labellum, Kelch- und Kronblätter leicht spitz zulaufend; Wuchs: Sympodial, epiphytisch, schmale lanzettliche Blätter entspringen aus kurzen Pseudobulben; Platzbedarf: mittel.

Pflege: Auf hohe Luftfeuchtigkeit achten, ganzjährig 20–22 °C.

Besonderheiten: anspruchslos, für Ost- und Westfenster gut geeignet

Platzierung: Bad, Wohnräume, Küche, Wintergarten

30–50 cm 40–80 cm 30–50 cm

Die schönsten Zimmerpflanzen im Porträt

Bifrenaria

Bifrenarien

Arten und Sorten: *Bifrenaria harrisoniae* z. B. mit dunkelroter Lippe, *B. atropurpurea* mit braun-rötlichen Blüten

Blütezeit: je nach Art und Sorte unterschiedlich

Aussehen: Blüte: Labellum bei einigen Sorten samtig behaart, bis 8 cm groß, kurz gestielt; Wuchs: sympodial; Platzbedarf: gering

Pflege: Während der Ruhezeit von September bis Dezember sollten die Temperaturen bei 15 °C liegen, hohe Luftfeuchtigkeit gewährleisten.

Besonderheiten: Für Orchideen-Anfänger geeignet, im Sommer nach Möglichkeit ins Freie stellen.

Platzierung: Wintergarten (feuchtkühl), kühles Treppenhaus

Brassavola nodosa

„Lady of the Night" Orchid

Blütezeit: Oktober bis Dezember

Aussehen: Blüte: weiß, grünlich überhaucht, Labellum breit mit purpurnen Flecken, längliche schmale Kron- und Kelchblätter; Wuchs: sympodial, epiphytisch, Blätter dick bis fleischig; Platzbedarf: mittel

Pflege: Auf Rindenstücke aufbinden oder in Gitterkorb mit grobem Substrat kultivieren, im Sommer nicht austrocknen lassen. Von Oktober bis Februar das Gießen einstellen und die Pflanze nur hin und wieder besprühen, im Sommer tagsüber 25 °C, nachts 18 °C, im Winter 18 °C.

Besonderheiten: Für Orchideen-Profis; duftet nachts; aufgrund der dickeren Blätter können auch Trockenzeiten überstanden werden; Hängeorchidee.

Platzierung: Wintergarten

Brassia

Spinnenorchideen

Arten und Sorten: etwa 30 Arten

Blütezeit: je nach Art und Sorte unterschiedlich

Aussehen: Die Blüten sitzen an mittellangen Rispen, Kelch- und Kronblätter sind spinnenartig verlängert. Wuchs: epiphytisch; Platzbedarf: mittel

Pflege: Am besten in Körbe setzen oder aufbinden, öfters umtopfen, da luftundurchlässiges Substrat nicht vertragen wird; Temperatur im Sommer bis 25 °C, nachts nicht unter 15 °C; während des Wachstums häufiger gießen, nach Triebabschluss und im Winter Wassergaben reduzieren.

Besonderheiten: Attraktive Blütenblätter, die an Spinnenbeine erinnern.

Platzierung: Wintergarten

30–40 cm

30–40 cm

30–50 cm

Die besten Orchideen

Bulbophyllum 'Elizabeth Ann'

Bulbophyllen

Arten und Sorten: *Bulbophyllum lobbii* z. B. mit besonderem Labellum blüht von Mai bis Juni.

Blütezeit: August bis Dezember

Aussehen: Deutlich verlängerte, rot gestreifte Blütenblätter, die eine Art Trichter um das kleine Labellum bilden, Blütenstände kreisförmig angeordnet. Wuchs: Sympodial, epiphytisch, aus je einer Pseudobulbe entwickelt sich ein Blatt; Platzbedarf: gering bis mittel.

Pflege: Für hohe Luftfeuchtigkeit sorgen, regelmäßig gießen, am besten in Körben kultivieren, ganzjährig 20–22 °C, es muss keine Ruhezeit eingehalten werden.

Besonderheiten: Blühstark, ausdrucksstarke Blüten, als Hängepflanze geeignet.

Platzierung: Wintergarten, Bad, Wohnräume

Calanthe triplicata

Calanthe

Arten und Sorten: *C. rosea* z. B. ist laubabwerfend mit pinkfarbenen Blüten.

Blütezeit: Frühjahr bis Frühsommer

Aussehen: schmale spitz zulaufende Blütenblätter, auffälliges Labellum, weiß blühend; Wuchs: Terrestrisch, aus einem kurzen Rhizom entspringen sechs Blätter auf langen Stielen; Platzbedarf: mittel.

Pflege: Gleichmäßig feucht halten, für hohe Luftfeuchtigkeit sorgen, im Sommer 18–22 °C, im Winter etwas kühler.

Besonderheiten: sehr langlebige Blüten, schnell wachsend

Platzierung: Wohnräume, Wintergarten, Bad

Cattleya

Cattleyen

Arten und Sorten: viele Hybriden, z. B. *Epicattleya, Brassocattleya*

Blütezeit: Herbst bis Frühjahr

Aussehen: Blüten einzeln oder in Trauben, Blütenblätter teils gewellt, Kronblätter manchmal zusammengewachsen; Wuchs: epiphytisch, Kultur in Gitterkörben oder Töpfen, Blätter riemenartig, ledrig; Platzbedarf: mittel bis hoch

Pflege: Auf hohe Luftfeuchtigkeit achten, Wintertemperaturen 10–12 °C, im Sommer 18–25 °C.

Besonderheiten: Kann von Mai bis Oktober im Freien stehen, elegante Blüte.

Platzierung: Wintergarten

20–30 cm   50–100 cm   25–100 cm

Die Erläuterungen zu der Symbolen finden Sie auf Seite 2.

Die schönsten Zimmerpflanzen im Porträt

Coelogyne cristata

Coelogynen

Arten und Sorten: *Coelogyne mooreana* z. B. mit bis 10 cm großen, duftenden Blüten; *C. mossiae* ist eine kleinere Art mit weißen Blüten.

Blütezeit: Januar bis März

Aussehen: Bis zu 13 cm große Blüten in Weiß mit einigen gelben Flecken; aus der Basis der Bulben entspringen zunächst die Blütenstiele, erst danach entwickeln sich Neutriebe; Platzbedarf: mittel bis hoch.

Pflege: Ausreichend wässern, aber nur in der Wachstumsphase; im Winter kühl und trocken stellen; möglichst wenig umtopfen.

Besonderheiten: interessante Blüte

Platzierung: kühles Treppenhaus, kühler Wintergarten

Cymbidium

Kahnlippen

Arten und Sorten: *Cymbidium lancifolium* z. B. mit Blüten von Dezember bis März, 'King of Orchids' mit Blüten von Herbst bis Weihnachten

Blütezeit: Herbst bis Frühjahr

Aussehen: traubige Blütenstände mit bis zu 30 Blüten, oft auffällig gemustertes Labellum; Wuchs: sympodial, lange schmale Blätter; Platzbedarf: mittel bis hoch

Pflege: Zur Blütenentwicklung werden ab August bis Ende September niedrigere Temperaturen benötigt, im Winter nicht unter 15 °C, Blütentrauben sollten gestützt werden.

Besonderheiten: Besonders gefärbtes Labellum, während des Sommers ins Freie stellen.

Platzierung: Wintergarten

Dendrobium (Nobile-Gruppe)

Dendrobien

Arten und Sorten: viele farbenprächtige Hybriden, z. B. *Dendrobium-nobile*-Hybriden

Blütezeit: zeitiges Frühjahr

Aussehen: *Dendrobium nobile* mit weiß-rosa Blüten und gelbem Labellum; Wuchs: sympodial, epiphytisch; Platzbedarf: gering bis mittel

Pflege: Kühl kultivieren und hohe Luftfeuchtigkeit bieten, in Körben ziehen oder aufbinden, Wintertemperaturen 12–15 °C, Sommertemperaturen bis 30 °C, nachts 15 °C.

Besonderheiten: Deutlicher Wechsel zwischen Sommer- und Wintertemperaturen garantiert guten Blütenansatz.

Platzierung: Treppenhaus, Vorraum, Wintergarten

30 cm   40–100 cm   30–50 cm

Die besten Orchideen

Dendrobium (Phalaenopsis-Gruppe)

Dendrobien

Arten und Sorten: zahlreiche Hybriden von *Dendrobium phalaenopsis*

Blütezeit: Sommer bis Herbst

Aussehen: für Phalaenopsis typische Blütenform in unterschiedlichen Farben, Blüten an Rispen sitzend; Wuchs: Sympodial, epiphytisch, die Blätter sitzen an schlanken Pseudobulben; Platzbedarf: mittel.

Pflege: Hohe bis sehr hohe Luftfeuchtigkeit anbieten, reichlich gießen bei gutem Wasserabzug; Temperaturen 18–25 °C, es wird keine Ruhezeit benötigt.

Besonderheiten: Pflegeleichte Zimmerpflanzen, für Anfänger geeignet.

Platzierung: Wohnräume, Küche, Wintergarten

Dracula

Dracula-Orchideen

Arten und Sorten: z. B. *Dracula vampira*, *D. lotax*, *D. chimaera*

Blütezeit: November bis Mai

Aussehen: Drei Blütenblätter sind verwachsen und bilden einen dreizipfligen Stern, Labellum lamellenartig. Als Aufsitzer wachsend, Blütenstiele wachsen meist durch den Pflanzstoff; Platzbedarf: gering.

Pflege: Mäßig feucht halten, am besten in Gitterkörben in Sphagnum kultivieren oder aufbinden. Für hohe Luftfeuchtigkeit sorgen, Temperaturen im Winter 15–20 °C, im Sommer bis 30 °C.

Besonderheiten: Blüten mit Duft

Platzierung: Wintergarten

Encyclia

Encyclien

Arten und Sorten: *Encyclia fragans* z. B. mit cremefarbenen Blüten im Frühjahr; *E. citrina* mit gelben Blüten im späten Frühjahr

Blütezeit: Winter bis Frühjahr

Aussehen: Blüte: dekoratives, meist nach oben gerichtetes Labellum, sternförmig umgeben von Kron- und Kelchblättern; Wuchs: sympodial, kompakt mit kurzen Pseudobulben; Platzbedarf: gering bis mittel

Pflege: In der Wachstumsphase reichlich, in der Ruhezeit sehr wenig gießen.

Besonderheiten: Pflegeleicht, für Anfänger geeignet, verträgt auch Trockenheit, Ruhezeit im Winter muss eingehalten werden.

Platzierung: Wohnräume, Wintergarten, Bad, Küche

30–50 cm   20–30 cm   30–40 cm

Die Erläuterungen zu den Symbolen finden Sie auf Seite 2.

Die schönsten Zimmerpflanzen im Porträt

Epidendrum

Epidendren

Arten und Sorten: *Epidendrum* 'Ballerina', verschiedene Hybriden z. B. mit *Cattleya*

Blütezeit: je nach Art und Sorte unterschiedlich

Aussehen: Blüte: oft auffällig gefärbtes, nach oben stehendes Labellum, rundum angeordnete Kron- und Kelchblätter; Wuchs: sympodial, epiphytisch oder auf Steinen wachsend, langgestreckte Triebe mit schmalen Blättern; Platzbedarf: gering bis hoch

Pflege: Während des Wachstums reichlich gießen, erst in der Ruhezeit deutlich reduzieren, Temperatur darf nicht unter 12 °C fallen.

Besonderheiten: sehr unterschiedliche Arten und Bedürfnisse, interessante Blütenform

Platzierung: Bad, Wohnräume, Wintergarten

Epidendrum ciliare

Epipendren

Blütezeit: ganzjährig, überwiegend im September und Januar

Aussehen: grünlich-gelbe Blütenblätter, wachsartig überzogen, duftend, Labellum weiß und gefranst; Wuchs: Kleinbleibend, aus kurzen Pseudobulben entwickeln sich ein bis zwei lederartige Blätter; Platzbedarf: gering.

Pflege: Im Sommer regelmäßig gießen, nicht austrocknen lassen, für Frischluft sorgen, Temperatur 18–22 °C, im Winter etwas kühler, im späten Herbst Wassergaben reduzieren.

Besonderheiten: An der gleichen Rispe werden immer neue Blüten gebildet, für Anfänger geeignet, exotisch.

Platzierung: Wohnräume, Bad, Küche

Laeliocattleya-Hybriden

Laeliocattleyen

Arten und Sorten: *Laeliocattleya* Gold Digger 'Orchid Jungle' hat gelbe Blüten mit pink Labellum.

Blütezeit: je nach Sorten unterschiedlich

Aussehen: Blüte: Wie bei Cattleyen mit röhrenartigem Labellum, Blütenblätter leicht gewellt, bei den Hybriden gibt es kräftige Farben. Wuchs: Epiphytisch, aus den länglichen Pseudobulben entspringen ein bis zwei Blätter; Platzbedarf: gering.

Pflege: Auf hohe Luftfeuchtigkeit achten, im Sommer reichlich gießen, aber Staunässe vermeiden; im Sommer bis 25 °C, Wintertemperaturen zwischen 10 und 12 °C.

Besonderheiten: kleinbleibend, pflegeleichter als Cattleyen

Platzierung: Wohnräume, Bad, Wintergarten

30–200 cm   30 cm   20–30 cm

Die Erläuterungen zu den Symbolen finden Sie auf Seite 2.

Leptotes

Leptoten

Arten und Sorten: z. B. *Leptotes bicolor*

Blütezeit: Winter bis Frühjahr

Aussehen: weiße Blüten, teilweise leicht grün oder violett getönt, in Rispen; Wuchs: epiphytisch, Blätter aus Pseudobulben entspringend mit Längsrille; Platzbedarf: gering

Pflege: In Körben oder aufgebunden kultivieren; für hohe Luftfeuchtigkeit sorgen; erst nach Abtrocknen des Substrates wieder durchdringend wässern. Sommertemperaturen 14–25 °C, im Winter nicht über 18 °C, Ruhezeit muss nicht eingehalten werden.

Besonderheiten: Kann im Sommer im Freien stehen.

Platzierung: Wintergarten

Ludisia discolor

Ludisien, Juwelorchideen

Arten und Sorten: drei Varietäten mit unterschiedlicher Blattfärbung

Blütezeit: je nach Art und Sorte unterschiedlich

Aussehen: kleine, traubig angeordnete Blüten in Cremegelb, duftend; Wuchs: sympodial, kriechend, flach wurzelnd; Platzbedarf: gering

Pflege: Gleichmäßig feucht halten, dabei Staunässe vermeiden, von Oktober bis Februar das Gießen reduzieren. Hohe Luftfeuchtigkeit schaffen, ganzjährig zwischen 18 und 22 °C.

Besonderheiten: Rötlich schimmernde, samtige Blätter. Für schattige Plätze und Nordfenster geeignet.

Platzierung: Wohnräume, Schlafzimmer

Lycaste

Lycasten

Arten und Sorten: *Lycaste skinneri* mit gelben Blüten, kleinbleibend; verschiedene Hybriden

Blütezeit: Frühjahr

Aussehen: Blüte: größere, dreieckig angeordnete Kelchblätter, Kronblätter kleiner, einzeln angeordnet; Wuchs: sympodial, kräftige Triebe mit vielen Blättern; Platzbedarf: mittel

Pflege: Sommertemperaturen 18–30 °C, nachts etwa 10 °C, im Winter kühler bei 15–18 °C, reichlich gießen, auch im Winter nicht austrocknen lassen.

Besonderheiten: Kann im Sommer im Freien stehen.

Platzierung: Wintergarten, kühles Treppenhaus

    bis 15 cm

    10–15 cm

     40–50 cm

Die schönsten Zimmerpflanzen im Porträt

Maxillaria

Maxillarien

Arten und Sorten: etwa 200 Arten, z. B. *Maxillaria picta* mit cremebraunen Blüten

Blütezeit: je nach Art und Sorte unterschiedlich

Aussehen: Blüte: längere Kelch- als Kronblätter, dreieckig angeordnet; Wuchs: Sympodial, innerhalb der Arten gibt es große Unterschiede; Platzbedarf: mittel.

Pflege: Sommertemperaturen bis 35 °C, nachts bis 15 °C, Wintertemperaturen 15–18 °C, feucht halten und für hohe Luftfeuchtigkeit sorgen.

Besonderheiten: Interessante duftende Blüten, kann im Sommer ins Freie, robuste Arten.

Platzierung: Wintergarten (feuchtwarm) mit der Möglichkeit zur Temperatur-Nachtabsenkung

Miltonia

Stiefmütterchen-Orchideen

Arten und Sorten: *Miltonia spectabilis*, *M.* 'Andy Easton', *M.* 'Red Gem' z. B.; moderne Sorten gibt es in kräftigem Gelb, Rosa, Weiß.

Blütezeit: je nach Art und Sorte unterschiedlich

Aussehen: Blüte: deutlich betontes Labellum, schmalere Kelch- und Kronblätter; Wuchs: Sympodial, epiphytisch, aus Pseudobulben entspringen je zwei Blätter; Platzbedarf: mittel.

Pflege: Sommertemperaturen 20 °C, nachts 16 °C, im Winter tagsüber 18 °C, nachts 15 °C, ganzjährig durchdringend gießen, für hohe Luftfeuchtigkeit sorgen.

Besonderheiten: vielfarbige, bunt gemusterte Blüten

Platzierung: Wintergarten, Bad

Odontocidium-Hybriden

Odontocidien

Arten und Sorten: *Odontocidium* 'Autumn Tints', *O.* 'Tiger Brew' z. B.

Blütezeit: je nach Art und Sorte unterschiedlich

Aussehen: Blütenblätter meist gemustert, gewelltes Labellum, Kron- und Kelchblätter etwa gleich groß; Wuchs: Aus kurzen Pseudobulben entspringen zwei Blätter; Platzbedarf: gering bis mittel.

Pflege: Warme Kultivierung bei 20–25 °C möglich, aber mit Nachtabsenkung; für hohe Luftfeuchtigkeit und frische Luft sorgen.

Besonderheiten: vielblütige, sehr farbenreiche Hybriden

Platzierung: Wintergarten, Wohnräume, Bad

30–100 cm

20–60 cm

30–90 cm

Die besten Orchideen

Odontoglossum

Zahnzungen

Arten und Sorten: *Odontoglossum crispum* z. B. mit krausen Blüten, *O. pulchellum* weißblühend

Blütezeit: je nach Art und Sorte unterschiedlich

Aussehen: Blütenstände mit bis zu 30 Einzelblüten, breites auffälliges Labellum, oft gewellt, schmalere Kelch- und Kronblätter; Wuchs: Sympodial, epiphytisch, aus ovalen, niedrigen Pseudobulben entwickeln sich je zwei Blätter; Platzbedarf: gering bis mittel.

Pflege: Gleichmäßig feucht halten, während der winterlichen Ruhezeit weniger gießen; Temperatur 22 °C tagsüber, nachts 18 °C, im Winter 12–18 °C.

Besonderheiten: überaus lang und reich blühend

Platzierung: Schlafzimmer, Treppenhaus, Wintergarten

Oncidium

Schwielenorchideen

Arten und Sorten: *Oncidium ornithorhynchum* ist pflegeleicht und kleinbleibend.

Blütezeit: je nach Art und Sorte unterschiedlich

Aussehen: sehr bizarre Blüten vor allem in Gelb mit braunen und grünlichen Flecken oder Streifen, schwielenartige Ausbeulungen auf dem Labellum; Wuchs: sympodial, epiphytisch, meist länglich-ovale Pseudobulden mit je ein bis zwei Blättern; Platzbedarf: gering bis hoch.

Pflege: Temperatur 25 °C im Sommer, nachts bis 20 °C, im Winter 18 °C tagsüber, nachts etwas kühler; regelmäßig gießen, nach der Blüte in der Ruhezeit reduzieren.

Besonderheiten: vielblütig

Platzierung: Wohnräume, Schlafzimmer, Wintergarten

Paphiopedilum

Frauenschuhe, Venusschuhe

Arten und Sorten: *Phaphiopedilum insigne* z. B. ist pflegeleicht.

Blütezeit: überwiegend im Frühjahr

Aussehen: Blüte: schuhförmiges Labellum, oberes Kronblatt meist farblich kontrastierend; Wuchs: terrestrisch, riemenförmige, an den Enden spitz zulaufende Blätter; Platzbedarf: mittel

Pflege: Mäßig gießen, dabei nicht in die Pflanze gießen, ansonsten kommt es zur Fäulnis. Temperatur ganzjährig 15–20 °C, nachts 15 °C, Sorten mit gesprenkelten Blättern haben einen höheren Temperaturbedarf.

Besonderheiten: interessante Blüten, überwiegend pflegeleicht

Platzierung: Schlafzimmer, Wintergarten, Treppenhaus

30–80 cm · bis 120 cm · 20–40 cm

Die schönsten Zimmerpflanzen im Porträt

Phaius

Phaius

Arten und Sorten: *Phaius tankervalliae* z. B.

Blütezeit: Winter

Aussehen: Blütenstand traubig, überwiegend in braun-weiß, ausgeprägtes, oft andersfarbiges Labellum; Wuchs: Terrestrisch, festes Laub, bildet Luftwurzeln; Platzbedarf: mittel.

Pflege: Substrat mit Lehm- oder Sandanteilen verwenden, in der Wachstumszeit nicht austrocknen lassen, tagsüber 25–28 °C, nachts etwas niedrigere Temperaturen, im Winter bei 15–18 °C.

Besonderheiten: Kreuzung aus *Cochlioda*, *Miltonia* und *Odontoglossum*, attraktive Blatt- und Blütenpflanze, pflegeleicht

Platzierung: Wintergarten (feuchtwarm)

Phalaenopsis

Malaienblumen

Arten und Sorten: *Phalaenopsis amabilis* z. B. mit weißer Blüte, *P. gigantea* entwickelt sehr große Blätter.

Blütezeit: je nach Art und Sorte unterschiedlich

Aussehen: Insgesamt breite Blütenblätter mit kleinerem Labellum, in Rispen oder Trauben angeordnet. Wuchs: Monopodial, epiphytisch, bildet Luftwurzeln; Platzbedarf: gering.

Pflege: Keine Ruhezeit erforderlich, zur Blüteninduktion etwas kühler stellen, mäßig gießen, Wurzeln betreiben teilweise Fotosynthese, deshalb in durchsichtige Töpfe mit grobem Rindensubstrat pflanzen.

Besonderheiten: lang und reich blühend

Platzierung: Wohnräume, Wintergarten

Phalaenopsis 'Yellow Beauty'

Malaienblume

Blütezeit: ganzjährig

Aussehen: Blüte: zartgelb, 8 cm groß, breite Blütenblätter mit kleinerem Labellum; Wuchs: monopodial, epiphytisch, mit Luftwurzeln; Platzbedarf: gering bis mittel

Pflege: Keine Ruhezeit erforderlich, zur Blüteninduktion etwas kühler stellen, mäßig gießen, in grobes Rindensubstrat pflanzen, ganzjährig nicht unter 18 °C.

Besonderheiten: Die Blüten halten zehn bis zwölf Wochen, pflegeleichte Hybride.

Platzierung: Wohnräume, Wintergarten, Küche, Treppenhaus

bis 150 cm | 10–80 cm | 50–80 cm

Phragmipedium

Riemen-Frauenschuhe

Arten und Sorten: Phragmipedium 'Grande' z. B. mit zwei langen Kronblättern, P. 'Hanne Popow' ist kompakt im Wuchs mit rosa Blüten.

Blütezeit: je nach Art und Sorte unterschiedlich

Aussehen: Blüte ähnelt den Blüten der Frauenschuhe, meist mit zwei schmalen länglichen Kronblättern; Wuchs: ähnlich wie bei den Frauenschuhen; Platzbedarf: mittel.

Pflege: Gleichmäßig feucht halten, auf hohe Luftfeuchtigkeit achten, ganzjährig 18–20 °C, nachts etwas kühler.

Besonderheiten: schmale längliche, manchmal gedrehte, seitlich herabhängende Kronblätter

Platzierung: Wintergarten, Treppenhaus, Flur

Pleione

Tibetorchideen

Arten und Sorten: Pleione formosana z. B. in Flieder bis Hellrosa, P. speciosa in Purpurviolett mit orangerot gemustertem Labellum

Blütezeit: Frühjahr

Aussehen: schmale, längliche, am Rand gefranste Blütenblätter, trichterförmiges Labellum; Wuchs: Terrestrisch, im Herbst werden die Blätter abgeworfen; Platzbedarf: mittel.

Pflege: Bulben nach dem Blattfall kühl und trocken lagern. Im Januar/Februar in Orchideensubstrat eintopfen, Temperatur und Wassergaben langsam steigern, ab Mai ins Freie stellen oder im Kalthaus kultivieren, im Winter 10–15 °C, ab Neuaustrieb 12–15 °C.

Besonderheiten: für Orchideen-Profis, im Sommer auch für den Garten

Platzierung: kühler Wintergarten

Promenaea

Promenaeen

Arten und Sorten: Promenaea 'Sunlight' z. B. ist eine Kissen-Orchidee, die von März bis Juni blüht.

Blütezeit: April bis Juni

Aussehen: Blüten häufig leuchtend gelb oder grünlich, stehen über den Blättern und bedecken diese während der Blütezeit. Wuchs: Wächst kissenartig, klein bleibend; Platzbedarf: gering.

Pflege: Gut zum Aufbinden geeignet, Kultivierung mit Sphagnum; feucht halten, aber Staunässe vermeiden, ab Oktober bis März weniger gießen; Temperatur ganzjährig 25–28 °C, nachts 16–18 C.

Besonderheiten: Im Sommer ins Freie stellen.

Platzierung: Wintergarten, Wohnräume

20–50 cm   50–70 cm   10–15 cm

Renanthera

Renantheren

Arten und Sorten: *Renanthera stoirei* z. B. mit zahlreichen roten, filigran anmutenden Blüten

Blütezeit: Frühjahr, Frühsommer und Herbst

Aussehen: Blüte oft leuchtend rot gefärbt, längliche Blütenblätter, Labellum klein; Wuchs: Monopodial, epiphytisch, langer Stamm, an dem sich die Blätter bilden, viele Luftwurzeln; Platzbedarf: mittel bis hoch.

Pflege: Am besten aufbinden, um den Luftwurzeln genügend Platz zu bieten, oder in Orchideenkörben ohne Substrat kultivieren, dann häufig besprühen oder tauchen; Sommertemperaturen 25–27 °C, nachts etwas kühler, im Winter 17–22 °C.

Besonderheiten: reich und öfter blühend in kräftigem Rot

Platzierung: Wintergarten (feuchtwarm)

Trichopilia

Trichopilien

Arten und Sorten: *Trichopilia tortilis* z. B. mit weißen Blüten, *T. suavis* ist eine besonders schöne Art.

Blütezeit: Frühling und Sommer

Aussehen: Blüte: Trichterförmig geweitetes Labellum, Blütenblätter häufig schmal und länglich, relativ große Blüten sitzen seitlich und hängen leicht über. Wuchs: epiphytisch, kurze Pseudobulben; Platzbedarf: gering bis mittel

Pflege: Im Sommer regelmäßig gießen, dabei das Substrat zwischendurch abtrocknen lassen; im Winter Wassergaben reduzieren, ganzjährig 20–22 °C, im Sommer bis 30 °C.

Besonderheiten: gut geeignet für Ampelkultur

Platzierung: Wohnräume, Wintergarten

Vanda

Vanda

Arten und Sorten: *Vanda cristata* mit grüngelben Blüten, klein bleibend, *V. terres* mit 10 cm großen rosa Blüten

Blütezeit: je nach Art und Sorte unterschiedlich

Aussehen: Blüte: in Trauben, dreilappiges Labellum, ansonsten gleichen sich die Blütenblätter; Wuchs: monopodial, viele Luftwurzeln, von unten verkahlend; Platzbedarf: mittel bis hoch

Pflege: Gleichmäßig feucht halten, in Körben oder grobem Rindensubstrat kultivieren, für hohe Luftfeuchtigkeit sorgen, am besten häufig tauchen.

Besonderheiten: wunderschöne Blüte, etwas pflegeaufwendig

Platzierung: Wintergarten

70–120 cm · 30–40 cm · bis 200 cm

Die besten Orchideen

Vuylstekeara Cambria

Cambria

Arten und Sorten: 'Linda Isler' z. B. mit rostroten Blütenblättern und weiß umrandetem Labellum, 'Lensing Favorit' hat rot-weiße Blüten mit wunderschöner Zeichnung.

Blütezeit: ganzjährig

Aussehen: Blüte: großes, auffälliges Labellum, Kelch- und Kronblätter sternförmig angeordnet, leicht überhängende Blütenstände; Wuchs: Sympodial, aus kurzen Pseudobulben entspringen mehrere Blätter; Platzbedarf: mittel.

Pflege: Feucht halten, aber zwischendurch abtrocknen lassen, auf hohe Luftfeuchtigkeit achten, im Sommer 22 °C, nachts Temperaturen absenken, im Winter 12–18 °C.

Besonderheiten: Drei-Gattungs-Hybride, im Sommer ins Freie stellen.

Platzierung: Wintergarten (kühl-feucht)

Wilsonara-Hybriden

Wilsonarien

Arten und Sorten: Wilsonara Intermezzo 'Wild Court' z. B. ist kräftig pink gefärbt, W. 'Stirling Tiger' blüht ganzjährig.

Blütezeit: je nach Art und Sorte unterschiedlich

Aussehen: Blüte ähnelt Zahnzungen, teilweise lebhaft gezeichnet, vorherrschende Farben sind gelb, braun, rot, weiß; Wuchs: meist epiphytisch, sympodial; Platzbedarf: mittel.

Pflege: Gleichmäßig feucht halten, im Winter nicht austrocknen lassen, für hohe Luftfeuchtigkeit sorgen Temperaturen um 25 °C.

Besonderheiten: Pflegeleicht, im Sommer ins Freie stellen.

Platzierung: Wintergarten, Schlafzimmer, Treppenhaus

Zygopetalum

Zygopetalen

Arten und Sorten: Zygopetalum intermedium z. B. blüht im Winter, es gibt zahlreiche Hybriden.

Blütezeit: Herbst und Winter

Aussehen: Blüte: großes Labellum, kleinere schmale Kelch- und Kronblätter; Wuchs: Überwiegend terrestrisch, sympodial, aus Pseudobulben entwickeln sich bis zu fünf schmale Blätter; Platzbedarf: mittel.

Pflege: Für hohe Luftfeuchtigkeit sorgen, während des Wachstums 20–22 °C, im Winter etwas kühler zur Blühinduktion.

Besonderheiten: stark duftende Blüten

Platzierung: Wintergarten, Wohnräume

30–60 cm | 30–50 cm | bis 60 cm

Die schönsten Zimmerpflanzen im Porträt

Kakteen und Sukkulenten

Kakteen und Sukkulenten stammen aus Wüsten und Halbwüsten, aus Gebirgen und aus tropischen und subtropischen Wäldern. Ihnen gemeinsam ist die Fähigkeit, Wasser speichern zu können.

Kakteen wachsen kugelig oder säulenförmig, weisen Warzen oder Rippen auf und wappnen sich mit Dornen, Stacheln und Haaren gegen Tiere und atmosphärische Einflüsse. Dornen sind umgewandelte Blätter. Sie können sehr vielgestaltig sein – kurz oder lang, mit Widerhaken, in verschiedenen Farben. Sie haben die Funktion, die Oberfläche vor starker Sonneneinstrahlung zu schützen, ohne die Assimilation zu behindern.

Sukkulenten mit ihren wichtigen Gattungen *Aloe*, *Crassula* oder *Euphorbia* haben ebenfalls die unterschiedlichsten Wuchsformen, etwa mit rosettig angeordneten Blättern oder dicken Stämmen. Allen gemeinsam ist das fleischige

Kakteen bringen einen Hauch von Wüstenatmosphäre in die Wohnung. Sie mögen, wie in ihrer Heimat, Sonne, Wärme und Trockenheit. <<

Kakteen und Sukkulenten geben mit ihren expressiven Formen modern gestalteten Räumen das gewisse Etwas. >>

Ein Blickfang: verschiedene Sukkulenten und Kakteen im Pflanztopf als Tisch-Deko. >> >>

Die schönsten Zimmerpflanzen im Porträt

Beim Umtopfen der wehrhaften Kakteen muss man sich mit schützenden Utensilien wappnen. «

Gewebe, das viel Wasser speichern kann und es den Pflanzen somit ermöglicht, Trockenphasen zu überstehen. Kakteen und Sukkulenten mit ihrer großen Arten- und Formenvielfalt faszinieren viele Pflanzenfreunde und regen sie dazu an, eine Sammlung aufzubauen. Die Sammelleidenschaft begann vor etwa 200 Jahren. Botaniker gingen im 19. Jahrhundert auf Entdeckungstour in ferne Länder und brachten bis dahin unbekannte Arten nach Europa in die botanischen Gärten und in die Gärtnereien. Zu Ehren der Entdecker erhielten die Arten deren Eigennamen als Gattungsnamen.

Kakteen und Sukkulenten sind dankbare und pflegeleichte Hausgenossen. Wenn man ihnen im Winter eine Ruhepause gönnt, während der sie kühl, hell und trocken stehen, bedanken sie sich mit prächtigen Blüten.
Ein Aufenthalt im Freien tut den meisten Arten gut. Sie lassen sich leicht durch Teilen oder Abnehmen von Tochterpflanzen oder durch Aussaat vermehren.

Kakteen und Sukkulenten

Adenium obesum

Wüstenrose

Arten und Sorten: gepfropfte Sorte 'Multiflorum'

Blütezeit: Frühjahr und Herbst

Aussehen: Blüte verlaufen rosa, dunkelpurpur oder violett; Wuchs: bäumchenartig mit niedrigem Stamm; ledrige, breit eiförmige Blätter

Pflege: Ganzjährig sonnig und sehr warm halten, im Winter kühler bei etwa 15 °C. Im Sommer reichlich gießen und alle zwei Wochen Kakteendünger geben. In lehmhaltiges Substrat topfen.

Besonderheiten: Neue Züchtungen sind auf Oleanderfuß veredelt; giftiger Milchsaft.

Platzierung: Wohnräume, Wintergarten

Aeonium arboreum

Rosettenbäumchen

Arten und Sorten: 'Atropurpureum': dunkelrotes Laub, das bei ungünstigen Standortbedingungen vergrünt

Aussehen: Bäumchenartiger Wuchs mit Verästelungen, am Ende der kleinen Äste sitzen Blattrosetten mit fleischigen, hellgrünen, vorn abgestumpften Blättchen.

Pflege: Im Winter bei etwa 10 °C. Im Sommer ins Freie stellen, ausreichend gießen und etwa vierzehntägig düngen

Platzierung: Wohnräume, Wintergarten

Aloe-Arten

Aloe

Arten und Sorten: *Aloe arborescens*: leuchtend grün, schmal, stark gezähnt; *A. aristata*: dunkelgrün mit weißen Kanten und Zähnen; *A. variegata*: dunkelgrün mit weißer Zeichnung; *A. vera*: graugrün

Blütezeit: Dezember bis Januar

Aussehen: Blattrosetten mit fleischigen, länglichen, spitz zulaufenden Blättern; langer Blütenschaft mit ährigen Blütenständen und orangefarbenen, röhrenartigen Blütchen

Pflege: Ist sehr trockenheitsverträglich, braucht im Sommer wenig und im Winter so gut wie kein Wasser. Im Winter kühl bei 5–10 °C halten, auch wärmer.

Besonderheiten: *Aloe vera* kann zur Hautpflege genutzt werden.

Platzierung: Wohnräume, Wintergarten

bis 80 cm   bis 100 cm   10–300 cm

Die Erläuterungen zu den Symbolen finden Sie auf Seite 2.

Die schönsten Zimmerpflanzen im Porträt

Aporocactus flagelliformis

Peitschenkaktus, Schlangenkaktus

Blütezeit: Frühjahr bis Frühsommer

Aussehen: Ampelpflanze; lang herabhängende, bleistiftdicke Triebe, die sich verzweigen. Blüht an zweijährigen Trieben, rosenrote, offene Blüten wie Osterkaktus.

Pflege: Während Ruhephase im Winter bei etwa 10 °C stellen, braucht auch im Winter etwas Wasser und gedeiht besser bei höherer Luftfeuchtigkeit. Im Sommer mehr gießen. Liebt nahrhaftes Substrat und gelegentliche Düngergaben.

Besonderheiten: wegen ihrer Pflegeleichtigkeit eine der ältesten Zimmerpflanzen, leichte Vermehrung durch Stecklinge

Platzierung: Wohnräume, Wintergarten

Astrophytum-Arten

Bischofsmütze

Arten und Sorten: Seeigelkaktus *(Astrophytum asterias)*: unbedornt; Bischofsmütze *(A. myriostigma var. tubense)*: unbedornt; *A. ornatum*: bedornt

Blütezeit: Sommer

Aussehen: Rundlicher, flachkugeliger oder säulenförmiger Körper mit vier bis sieben Rippen, Rippen bereift oder weißlich beflockt. Hellgelbe Blüten erscheinen oben am Scheitel und halten mehrere Tage

Pflege: Unbedornte Arten halbschattig; bedornte Arten nur im Frühjahr vor Sonne schützen. Im Sommer sparsam gießen. Während Winterruhe bei 10–15 °C fast trocken halten; Pflanzsubstrat mit Lehm und Bimskies.

Platzierung: Wohnräume, Wintergarten

Beaucarnea recurvata

Elefantenfuß, Wasserpalme

Aussehen: an der Basis knollenförmig verdickter Stamm, rosettenartige Blattschöpfe mit grasähnlichen, überhängenden, graugrünen Blättern

Pflege: Äußerst robustes Gehölz, das Trockenheit und Wärme verträgt. Im Winter kühl bei ca. 10 °C und fast trocken halten. Im Sommer ins Freie stellen. Braune Blattspitzen, wenn nötig, abschneiden.

Besonderheiten: Agavengewächs aus Mexiko

Platzierung: Wintergarten, Wohnräume

bis 150 cm · bis 30 cm · bis 200 cm

Die Erläuterungen zu den Symbolen finden Sie auf Seite 2.

Cephalocereus senilis
Greisenhaupt

Aussehen: säulenartiger Wuchs; Kakteenkörper mit gelblichen oder grauen Stacheln und umwallt von bis zu 12 cm langen, lockigen Borstenhaaren

Pflege: Etwas anspruchsvoll, Temperatur im Winter mindestens 15 °C, vertägt keine Zugluft, von November bis Februar trocken stellen. Im Sommer normal gießen. Durch häufiges Einnebeln für hohe Luftfeuchtigkeit sorgen. Junge Pflanzen jährlich umtopfen.

Besonderheiten: Kaktus für aufrechten Wuchs stäben.

Platzierung: Wohnräume, Bad (feucht-warm)

Cereus peruvianus
Säulenkaktus

Arten und Sorten: Sonderform 'Monstrosus' mit bizarrem Wuchs, mehrfach geteilter und höckeriger Körper

Aussehen: Säulenartiger Wuchs, ca. 10–20 cm Durchmesser mit meist sieben Rippen verzweigt sich von unten her. In den Einkerbungen der Rippen stehen fünf bis sechs Dornen. Blüte und Fruchtbildung nur bei alten Pflanzen.

Pflege: Wintertemperatur 8–12 °C. Im Sommer ins Freie stellen. Muss relativ feucht gehalten und regelmäßig gedüngt werden. In sandhaltige Blumenerde pflanzen.

Platzierung: Wohnräume, Wintergarten

Crassula-Arten
Crassula, Dickblatt

Arten und Sorten: Artenreiche Gattung mit unterschiedlich hohen Arten und verschiedenen Blattformen, z.B.: *Crassula coccinea*; Sicheldickblatt *(C. perfoliata* var. *falcata)*: sichelartig geformte Blätter, scharlachrote Blütendolde

Blütezeit: Frühjahr oder Sommer

Aussehen: dickfleischige Blätter

Pflege: Während Wachstumsphase Zimmertemperatur oder wärmer stellen, im Winter 5–15 °C, fast trocken. Im Sommer mehr gießen, eventuell ins Freie stellen. Topf nicht zu groß wählen, in durchlässiges Kakteensubstrat pflanzen.

Platzierung: Wohnräume, Wintergarten

bis 100 cm | bis 250 cm | bis 100 cm

Crassula ovata

Geldbaum

Arten und Sorten: *Crassula arborescens:* ähnlicher Wuchs, graugrüne, silbrig überhauchte Blätter mit rötlichem Rand

Aussehen: bäumchenartiger Wuchs mit dickfleischigen Blättern, kleine, weiße Blütchen

Pflege: Ganzjährig warm und hell stellen, trockenes Zimmerklima schadet nicht, jedoch wird die Blütenbildung durch kühlere Temperatur (10–15 °C) im Winter gefördert. Kann im Sommer an einem geschützten Platz im Freien stehen.

Besonderheiten: pflegeleicht, Vermehrung durch Kopf- oder Blattstecklinge; Vorsicht: ältere Pflanzen sind sehr schwer!

Platzierung: Wohnräume, Wintergarten

Echeveria-Arten und -Hybriden

Echeverie

Arten und Sorten: *Echeveria agavoides:* spitze, graublaue Blätter; *E. coccinea, E. gibbiflora; E. nodulosa:* 20 cm hoch

Blütezeit: fast ganzjährig

Aussehen: rosettenartiger Wuchs (bis 25 cm Durchmesser) mit dachziegelartig übereinander liegenden, dickfleischigen Blättern, oft blaugrün oder andersfarbig; Blütenstände an fleischigen Stielen mit überhängenden, ährigen Dolden, Einzelblüten changierend in Orange, Gelb, Rosa, Rot

Pflege: Sehr anspruchslos, braucht Zimmertemperatur, im Winter kühl bei 5–10 °C; verträgt trockene Luft.

Besonderheiten: vegetative Vermehrung aus Seitenrosetten oder Blattstecklingen

Platzierung: Wohnräume, Wintergarten

Echinocactus grusonii

Schwiegermuttersessel, Goldkugelkaktus

Blütezeit: Sommer

Aussehen: Kugeliger Wuchs mit eng stehenden Rippen, die dicht mit gelben Dornen besetzt sind; gelbe, röhrenförmige Blüten auf der Kugelspitze; wird im Alter bis zu 1 m breit.

Pflege: Benötigt vollsonnigen Stand, Ruhezeit im Winter bei etwa 12–15 °C, gelegentlich Substrat anfeuchten. Von Spätfrühjahr bis Spätsommer mäßig gießen und etwa alle zwei Wochen düngen. Kann im Sommer an einem geschützten Platz im Freien stehen.

Besonderheiten: Lässt sich aus Samen vermehren. Pflegeleicht, kann sehr alt werden.

Platzierung: Wohnräume, Wintergarten

bis 100 cm   bis 70 cm   bis 100 cm

Kakteen und Sukkulenten

Echinocereus-Arten

Igel-Säulenkaktus

Arten und Sorten: grüne Arten, z. B. *Echinocereus knippelianus*; dichtbedornte oder behaarte Arten, z. B. *E. triglochidiatus*; Arten auch fürs Freiland

Blütezeit: Sommer

Aussehen: Verzweigte Säulen; weichfleischiger Kakteenkörper; Blütengröße je nach Art unterschiedlich; bildet Kindel aus.

Pflege: Im Winter kühl (5–10 °C) und trocken halten. Grüne Arten im Sommer ins Freie stellen und dem normalen Niederschlag aussetzen; haarige Arten wärmer und luftig stellen.

Platzierung: Wohnräume, Wintergarten

Echinopsis-Arten und -Hybriden

Seeigelkaktus, Kugelkaktus

Blütezeit: Sommer

Aussehen: zunächst kugeliger, seeigelartiger Wuchs, im Alter säulenförmig; sehr wertvoll wegen der schönen, großen Blüten in Weiß, Rosa, Gelb oder Rot

Pflege: Im Winter Ruhepause bei 5–10 °C und völlig trockenem Stand einhalten. Im Sommer mäßig feucht halten, eventuell ins Freie stellen. In humoses, durchlässiges Pflanzsubstrat pflanzen.

Besonderheiten: Wegen Robustheit auch als „Bauernkaktus" bekannt, leichte Vermehrung durch Kindel, sehr anspruchslos.

Platzierung: Wohnräume, Wintergarten

Epiphyllum-Hybriden

Blattkakteen

Blütezeit: Frühjahr bis Herbst, je nach Kulturführung

Aussehen: Fleischige, blattartige, gegliederte Sprosse, die sich leicht abbrechen lassen; an eingekerbten Sprossrändern bilden sich Blüten: kleine und große, in Weiß, Gelb-, Rosa- und Rottönen, duftend.

Pflege: Im Winter hell und kühl bei etwa 10–15 °C stellen. Zur Blühförderung ab Frühjahr regelmäßig düngen. Im Sommer ins Freie stellen und mäßig gießen. Kopflastige Pflanzen stäben.

Besonderheiten: Lässt sich leicht vegetativ durch Blattsprosse vermehren.

Platzierung: Treppenhaus, Wintergarten (kühl)

bis 20 cm   bis 20 cm   bis 50 cm

Die Erläuterungen zu den Symbolen finden Sie auf Seite 2.

Die schönsten Zimmerpflanzen im Porträt

Euphorbia x *lomi*

Christusdorn

Blütezeit: fast ganzjährig

Aussehen: buschig mit stark bedornten, kantigen Trieben; längliche, verkehrteiförmige, dunkelgrüne Blätter; büschelartige Blütenstände aus – je nach Sorte – roten, gelben oder weißen Hochblättern (Brakteen) und den eigentlichen, kleinen Blüten

Pflege: Benötigt Zimmertemperatur oder wärmer; während der Ruhephase im Winter 12–18 °C. In saures Substrat pflanzen.

Besonderheiten: Vermehrung möglich aus Triebstecklingen, die man antrocknen lässt; giftiger weißer Milchsaft, Verletzungsgefahr an Dornen.

Platzierung: Wohnräume, Wintergarten

Euphorbia tirucalli

Bleistiftbaum

Aussehen: raschwüchsig, interessante Wuchsform; ästige, sukkulente Triebe mit kleinen, nur 2 cm langen Blättchen

Pflege: Zimmertemperatur oder wärmer stellen, während Ruhephase im Winter 12–18 °C. Wenn nötig, öfter umtopfen.

Besonderheiten: In den Tropen sehr schnellwüchsig. Ätzender Milchsaft kann industriell in benzinähnliche Flüssigkeit umgewandelt werden; gut für Hydrokultur geeignet.

Platzierung: Wohnräume, Wintergarten

Gasteria-Arten

Gasterie

Arten und Sorten: Hirschzungenkaktus (*Gasteria. carinata* var. *verrucosa*): große Perlwarzen

Blütezeit: Frühjahr bis Sommer

Aussehen: rosettenartiger Wuchs mit Kindelbildung; zweizeilig angeordnete Blätter, dickfleischig, zugespitzt, teils mit Warzen und/oder weißen Flecken; lange Blütenschäfte mit lockeren Trauben oder Rispen, bauchige Einzelblüten

Pflege: Anspruchslos, braucht Zimmertemperatur, im Winter nicht unter 10 °C, auch wärmer. Wenig gießen, im Winter nur sporadisch.

Platzierung: Wohnräume, Wintergarten

bis 60 cm   bis 200 cm   bis 30 cm

Die Erläuterungen zu den Symbolen finden Sie auf Seite 2.

Kakteen und Sukkulenten

Gymnocalycium-Arten und -Hybriden

Gymnocalycium

Arten und Sorten: Artenreiche Gattung; Kuriosität: Erdbeerkaktus (*Gymnocalycium mihanivichii* var. *friedrichii*): chlorophyllfreier roter, rosafarbener oder gelber Kakteenkörper, veredelte Exemplare (auf dreikantiger *Hylocereus*-Unterlage) sind kurzlebig, brauchen im Winter mindestens 15 °C.

Blütezeit: Sommer

Aussehen: flachkugelig mit wenigen, dicken Rippen und schwach bedornt

Pflege: Im Winter trocken bei 8–10 °C und halbschattig stellen. Im Sommer sparsam gießen.

Platzierung: Wohnräume

Haworthia-Arten

Haworthie

Arten und Sorten: Zebrahaworthie (*Haworthia attenuata* var. *attenuata*): aufrechte, an der Spitze einwärts gebogene Blätter; weiße, erhabene Querbänder auf Blattaußenseite; Sternige Haworthie (*H. attenuata* var. *caaula*): rosettiger Wuchs mit vielen Seitentrieben, Blätter rau durch viele winzige Höckerchen

Aussehen: rosettenartiger Wuchs mit Kindelbildung; dickfleischige, längliche Blätter, teils spitz zulaufend und am Rand gezähnt, teils mit Höckern oder Warzen

Pflege: Sehr trockenheitsverträglich im Sommer sparsam gießen, im Winter bei kühlem Stand (10–15 °C) so gut wie gar nicht. Verträgt auch höhere Wintertemperatur. Benötigt kaum Dünger.

Platzierung: Wohnräume, Wintergarten

Jatropha podagrica

Flaschenpflanze

Blütezeit: Winter bzw. ganzjährig

Aussehen: Flaschenförmig verdickter Stamm; 10–20 cm große, fleischige, 3- bis 5-fach gelappte Blätter auf langen Stielen; korallenrote Blütenstände erscheinen im Winter an 30 cm langen Stängeln. Verliert im Herbst die Blätter.

Pflege: Anspruchslos; während Ruhepause im Winter bei 10–15 °C fast trocken halten. Im Sommer etwas mehr gießen, gelegentlich Kakteendünger geben.

Besonderheiten: giftiger Milchsaft

Platzierung: Wohnräume, Wintergarten

bis 10 cm　　　　　　bis 20 cm　　　　　　bis 60 cm

Die Erläuterungen zu den Symbolen finden Sie auf Seite 2.

Die schönsten Zimmerpflanzen im Porträt

Kalanchoe-Arten und -Hybriden
Kalanchoe

Lithops-Arten
Lebende Steine

Mammillaria-Arten
Warzenkaktus

Arten und Sorten: Brutblatt *(Kalanchoe daigremontiana)*: aufrechter, wenig verzweigter Stamm mit lanzettlich-dreieckigen Blättern, an deren Rand Brutknospen aufgereiht sind; *K. tomentosa*: silbergrau; *K.*-Hybrid-Sorten: hübsche Blütenglöckchen, teils für Ampeln

Blütezeit: Winterende, Frühling

Aussehen: dickfleischige Blätter, sehr vielgestaltig

Pflege: Muss sehr hell und bei Zimmertemperatur stehen. Im Winter bei 10–14 °C nicht ganz austrocknen lassen. Im Sommer mäßig gießen.

Platzierung: Wohnräume, Wintergarten

Blütezeit: September bis Oktober

Aussehen: Zwei stark verdickte, oben abgeplattete, graugrüne Blätter, die am Grund miteinander verwachsen sind; aus dem Spalt zwischen den Blättern schieben sich die Blüten; bildet Kolonien.

Pflege: Benötigt Zimmertemperatur. Während Ruhezeit von November bis März bei 5–12 °C völlig trocken halten. Während dieser Zeit vertrocknet das alte Blattpaar und ein neues bildet sich. In kieshaltiges Substrat und flache Töpfe pflanzen.

Besonderheiten: Vermehrung aus Samen

Platzierung: Wohnräume

Blütezeit: Sommer oder fast ganzjährig

Aussehen: kugelige oder kurz-zylindrische Form, warzenartig überzogen mit Dornen; Anordnung der Warzen sowie Farbe und Form der Dornen von Art zu Art sehr unterschiedlich; Blütenkranz kleiner Blüten um den Scheitel; oft keulenförmige rote Früchte

Pflege: Luftig stellen bei Zimmertemperatur. Ruhezeit im Winter bei 8–12 (15) °C und trockenem Stand, blühende Exemplare gießen. Im Sommer sonnig stellen, nur so bilden sich Dornen gut aus. Nahrhaftes Substrat, regelmäßig gießen und düngen.

Besonderheiten: Töpfe drehen, um Schiefwuchs zu vermeiden.

Platzierung: Wohnräume, Wintergarten

bis 100 cm | bis 5 cm | 10–30 cm

Die Erläuterungen zu den Symbolen finden Sie auf Seite 2.

Kakteen und Sukkulenten

Opuntia-Arten

Opuntie, Feigenkaktus

Arten und Sorten: *Opuntia basilaris*: dornenlos, nur braunrote Glochiden; *Cristata*-Formen: hahnenkammartige Missbildung; Goldopuntie (*O. microdasys*)

Blütezeit: Frühjahr bis Sommer

Aussehen: scheibenartige, 10–15 cm lange Glieder, die sich zu zweigartigen Gebilden aneinander reihen; charakteristisch: Areolen mit Büscheln von Angelborsten (Glochiden); große, seidig glänzende Blüten, leuchtende Farben

Pflege: Im Winter kühl (7–10 °C), hell und trocken stellen. Während Wachstumsperiode warm und mäßig feucht halten.

Besonderheiten: Opuntien mit Handschuhen oder Gurkenzange anfassen.

Platzierung: Wohnräume, Wintergarten

Pachypodium-Arten

Madagaskarpalme

Arten und Sorten: *Pachypodium geayi*: silbrig überhauchte Blätter; *P. lamieri*: breitere, frisch dunkelgrüne Blätter

Aussehen: säulenartig verdickter Stamm, der rundum dicht mit langen Dornen bewehrt ist; Blattschopf an der Spitze mit schmalen, lanzettlichen, dunkelgrünen Blättern mit weißer Mittelader

Pflege: Verträgt Wärme und Trockenheit, ganzjährig über 18 °C (*P. lamieri* über 8 °C). Kann über Heizkörper stehen. Im Winter sparsam gießen.

Besonderheiten: giftiger Milchsaft; Verletzungsgefahr an Dornen

Platzierung: Wohnräume, Wintergarten

Parodia-Arten

Parodie

Arten und Sorten: Goldstachel-Parodie (*Parodia chrysacanthion*); *P. magnifica*: bläulich grüner Körper mit 11 bis 15 Rippen mit gelblich-weißen Randdornen

Blütezeit: Sommer

Aussehen: kugelige Gestalt mit 5–15 cm Durchmesser, ältere Exemplare auch zylindrisch; Rippen oft spiralig, reich bestückt mit auffallenden, je nach Art zentimeterlangen Dornen; hübsche, haltbare Blüten am Scheitel in Lachs, Rot, Karmin, Gelb

Pflege: Wurzelhals ist nässeempfindlich. Sehr zurückhaltend gießen, im Sommer jedoch nicht zu trocken halten, im Winter bei 8–12 °C und trocken.

Besonderheiten: auffallend durch Bedornung

Platzierung: Wohnräume, Wintergarten

bis 100 cm · bis 100 cm · bis 15 cm

Die Erläuterungen zu den Symbolen finden Sie auf Seite 2.

Die schönsten Zimmerpflanzen im Porträt

Rebutia-Arten

Kranzkaktus

Blütezeit: Sommer, oft zweimal

Aussehen: Sehr klein, flach-kugelig oder kurzzylindrisch, oft mit Sprossen; spiralig angeordnete Warzen; große, scharlachrote, gelbe, orangefarbene oder violett-rosafarbene Blüten erscheinen an der Basis.

Pflege: Während Ruhezeit von November bis Februar hell und kühl (um 5 °C) aufstellen, trocken halten. Im Sommer luftiger Stand, nachts kühler. Empfindlich gegen Nässe.

Besonderheiten: Vermehrung durch Aussaat (Lichtkeimer) oder über Kindel; sehr blühwillig

Platzierung: Wohnräume, Wintergarten

Rhipsalidopsis-Hybriden

Osterkaktus

Blütezeit: März bis Juni

Aussehen: Ampelpflanze; flache bis leicht kantige, etwa 5 cm lange Blattglieder, die oft rötlich gerandet sind; bei alten Pflanzen rund und borkig; röhrige Blüten in Lachsrot, Scharlachfarben, Blutrot, Blassrosa, Rosa, Violett, die sich sternförmig öffnen

Pflege: Empfindlicher als Weihnachtskaktus; braucht Zimmertemperatur. Während Ruhezeit von November bis Januar bei 10–12 °C fast trocken halten. Verträgt kein hartes Gießwasser. Im Sommer ins Freie an einen halbschattigen Platz stellen.

Besonderheiten: Vermehrung durch abgetrennte Sprossglieder nach der Blüte

Platzierung: Wohnräume, Schlafzimmer, Treppenhaus, Wintergarten

Rhipsalis-Arten

Binsenkaktus, Rutenkaktus

Blütezeit: Winter

Aussehen: Ampelpflanze; überhängender Wuchs; Sprossglieder je nach Art dünn, blattähnlich breit oder kantig, ohne Stacheln und unterschiedlich grün gefärbt; unscheinbare weiße oder hellgelbe, sternförmige Blüten, aus denen sich Samenkapseln bilden

Pflege: Bevorzugt hellen Platz, verträgt auch Sonne, färbt sich dann aber rötlich. Benötigt im Winter 10–15 °C. Luftig aufstellen und feucht halten, auch im Winter gießen, gelegentlich einsprühen. In humoses, leicht saures Substrat pflanzen.

Besonderheiten: Vermehrung aus Stecklingen

Platzierung: Wohnräume, Bad, (feuchtwarm)

5–10 cm

15–50 cm

bis 50 cm

Die Erläuterungen zu den Symbolen finden Sie auf Seite 2.

Schlumbergera-Arten und -Hybriden
Weihnachtskaktus

Blütezeit: um Weihnachten, auch zu anderen Jahreszeiten, abhängig von Temperatur, Licht und Sorte

Aussehen: Bogig überhängender Wuchs der flachen, blattartigen, am Rand gekerbten Gliedern; an den Triebspitzen entwickeln sich die orchideenähnlichen Blüten in Weiß, Rosa, Rot oder Violett.

Pflege: Ganzjährig hell bis halbschattig stellen; Ruhephase von September bis November bei 10–15 °C. Im Dezember wieder wärmer stellen. Sehr vorsichtig mit kalkarmem Wasser gießen. Verträgt keine Nässe!

Besonderheiten: Vermehrung über Sprossglieder

Platzierung: Wohnräume, Schlafzimmer, Treppenhaus, Wintergarten

Sedum-Arten
Fetthenne

Arten und Sorten: Affenschwanz *(Sedum morganianum)*: Ampelpflanze mit herabhängenden Trieben, die dicht mit fleischigen graugrünen Blättchen besetzt sind

Blütezeit: Sommer

Aussehen: fleischige, graugrüne oder rötliche Blätter, zugespitzt; kleine sternförmige Blütchen, je nach Art weiß, rosa oder gelb

Pflege: Benötigt Zimmertemperatur, im Winter kühl bei 5–10 °C stellen. Verträgt Lufttrockenheit. Braucht wenig Wasser und so gut wie keinen Dünger. In flache Gefäße mit Kakteenerde pflanzen. Im Sommer ins Freie stellen.

Besonderheiten: Vermehrung durch Trieb- oder Blattstecklinge

Platzierung: Wohnräume, Wintergarten

Selenicereus grandiflorus
Königin der Nacht

Blütezeit: Spätsommer

Aussehen: Spalierpflanze; 2 cm dicke, kantige, meterlange Triebe, die mit borstenähnlichen gelben Dornen besetzt sind; weiß- bis cremefarbene, außen bräunliche Blüte, weit geöffnet, 20–30 cm lang, nach Vanille duftend

Pflege: Bei Zimmertemperatur oder wärmer stellen. Während Ruhephase im Winter über 15 °C halten, Erde nie ganz austrocknen lassen. Im Sommer mäßig feucht halten, wöchentlich düngen und gelegentlich einsprühen.

Besonderheiten: Blüht nur nachts!

Platzierung: Wohnräume, Wintergarten

15–50 cm

10–30 cm

bis 300 cm

Botanischer Name	Deutsche Bezeichnung	Seite	Pflegeanspruch	Standort/Lichtbedarf	Wasserbedarf normal/in Ruhephase	Temperatur im Winter bzw. in der Ruhephase in °C	Wuchshöhe in cm	Zimmer	Merkmale
Beliebte Klassiker									
Abutilon-Hybriden	Schönmalve	103	🛠	☀○	💧 / 💧	6–10	50–150	WI (kü.)	✻
Achimenes-Hybriden	Schiefteller	103	🛠	○	💧 / –	20–22	20–30	WO, K	✻
Acorus gramineus	Zwergkalmus	–	🛠	○◐	💧 / 💧	0–15	20–30	T, S, WI	🍃
Adiantum raddianum	Frauenhaarfarn	103	🛠🛠	◐	💧 / 💧	mind. 18	15–30	B, WI (f.-w.)	🌀
Aechmea fasciata	Lanzenrosette	104	🛠	○	💧 / 💧	mind. 20	30–60	WO, WI	🌀 ✻
Aglaonema-Arten	Kolbenfaden	104	🛠🛠	○	💧 / 💧	mind. 18	30–70	WO, B, WI	🍃 🌀 ☠
Allamanda cathartica	Goldtrompete	–	🛠🛠	☀	💧 / 💧	15–18	400	WI	✻
Alocasia-Arten	Alocasie, Tropenwurz	104	🛠🛠	◐●	💧 / 💧	mind. 18	50–60	WO, B (f.-w.)	🍃
Alpinia vittata	Panaschierter Ingwer	–	🛠🛠	☀○	💧 / 💧	mind. 20	bis 150	WO, B, WI	🍃
Anigozanthos-Hybriden	Känguruhpfote	–	🛠🛠	☀○	💧 / 💧	um 10	40–60	T, S, WI (kü.)	✻
Anthurium-Hybriden	Flamingoblume	105	🛠🛠	○◐	💧 / 💧	mind. 18	20–60	WO, B (f.-w.)	✻ ☺
Araucaria heterophylla	Zimmertanne	105	🛠🛠	○	💧 / 💧	max. 10	bis 250	T, WI (kü.)	🌀
Ardisia crenata	Gewürzbeere, Spitzblume	105	🛠🛠	○	💧 / 💧	16–18	bis 100	WO, WI	🌀 🌿
Asparagus densiflorus	Zierspargel	106	🛠	○	💧 / 💧	um 15	20–80	WO, WI (kü.)	🌀 ☠
Aspidistra elatior	Schusterpalme	106	🛠	○●	💧 / 💧	5–15	40–80	T, S, WI (kü.)	🍃
Asplenium nidus	Nestfarn	106	🛠🛠	○◐	💧 / 💧	mind. 18	50–70	WO, B (f.-w.)	🌀
Begonia-Arten und -Hybriden	Blattbegonien	107	🛠	○◐	💧 / 💧	18–21	15–180	WO, B, WI	🍃 ☺
Billbergia nutans	Zimmerhafer	107	🛠	○◐	💧 / 💧	mind. 10	40–60	WO, T, WI	🌀 ✻
Blechnum gibbum	Rippenfarn	107	🛠🛠	◐	💧 / 💧	mind. 18	50–100	WO, WI	🌀
Brachychiton rupestris	Flaschenbaum	108	🛠	☀○	💧 / 💧	mind. 10	50–100	WO, WI	🌀
Caladium-bicolor-Hybriden	Kaladie, Buntblatt	108	🛠🛠	○◐	💧 / –	mind. 20	30–70	WO, B, WI	🍃
Calathea makoyana	Korbmarante	108	🛠🛠	○◐	💧 / 💧	mind. 18	20–50	WO, B, WI	🍃
Camellia japonica	Kamelie	–	🛠🛠	○	💧 / 💧	3–12	bis 150	T, WI (kü.)	✻ 🌿
Castanospermum	Austral. Zimmerkastanie	109	🛠	☀○	💧 / 💧	mind. 10	bis 200	WO, WI	🌀
Citrus madurensis	Calamondin-Orange	109	🛠🛠	○◐	💧 / 💧	mind. 10	30–150	WO, T, WI	✻ 🌿 🌹
Clivia miniata	Clivie	109	🛠	○	💧 / 💧	8–12	40–70	S, T, WI (kü.)	✻ 🌀 ☠
Clusia major	Balsamapfel	110	🛠	○◐	💧 / 💧	18–20	bis 180	WO, WI	🌹 🌀
Codiaeum variegatum	Kroton, Wunderstrauch	110	🛠🛠	○◐	💧 / 💧	mind. 18	50–200	WO, WI	🍃 ☠
Coffea arabica	Kaffeestrauch	110	🛠🛠	○◐	💧 / 💧	mind. 18	bis 150	WO, B, WI	🌀 🌹
Cordyline terminalis	Keulenlilie	111	🛠🛠	○◐	💧 / 💧	mind. 18	50–100	WO, WI	🍃
Corokia cotoneaster	Zickzackstrauch	111	🛠	○	💧 / 💧	5–10	30–80	T, WI (kü.)	🌀
Crossandra infundibuliformis	Crossandra	111	🛠🛠	○◐	💧 / 💧	mind. 18	40–60	WO, B, WI	✻
Cryptanthus-Arten	Versteckblüte, Erdstern	112	🛠🛠	○	💧 / 💧	mind. 18	15–20	WO, B, WI	🍃 ✻
Cupressus macrocarpa	Zimmerzypresse	–	🛠🛠	☀○	💧 / 💧	3–10	bis 150	T, WI (kü.)	🌀

Die Erläuterungen zu den Symbolen und Abkürzungen finden Sie auf Seite 2.

Botanischer Name	Deutsche Bezeichnung	Seite	Pflegeanspruch	Standort/Lichtbedarf	Wasserbedarf normal/in Ruhephase	Temperatur im Winter bzw. in der Ruhephase in °C	Wuchshöhe in cm	Zimmer	Merkmale
Curcuma alismatifolia	Safranwurz	112	🛠	○ ◐	💧 / –	mind. 15	40–80	WO, WI	✿
Cycas revoluta	Palmfarn	112	🛠	○ ◐	💧💧 / 💧	15–18	20–200	WO, WI	🌀
Cyperus-Arten	Zypergras	113	🛠	○ ●	💧💧💧 / 💧💧💧	mind. 14	30–200	B, WI (f.-w.)	🍃 ☺
Dieffenbachia-Arten u. -Hybriden	Dieffenbachie	113	🛠🛠	○ ◐	💧💧 / 💧	mind. 15	40–160	WO, WI	🍃 ☠ ☺
Dionaea muscipula	Venusfliegenfalle	113	🛠🛠🛠	○ ◐	💧💧 / 💧	5–12	5–10	S, WI (f.)	🍃
Dracaena-Arten	Drachenbaum	114	🛠	○ ◐	💧💧 / 💧	mind. 16	30–300	WO, WI	🌀
Elettaria cardamomum	Blattkardamom	114	🛠	☀ ●	💧💧 / 💧	5–10 (20)	40–60	WO, K, WI	🍃
x Fatshedera lizei	Efeuaralie	114	🛠🛠	◐	💧	10–15	60–120	T, WI (kü.)	🍃
Fatsia japonica	Zimmeraralie	115	🛠	○ ◐	💧💧 / 💧	5–10 (20)	60–200	T, WI (kü.)	🍃 ☠
Ficus benjamina	Birkenfeige	115	🛠	○ ◐	💧💧 / 💧	mind. 18	bis 350	WO, WI	🌀 ☺
Ficus binnendijkii 'Alii'		–	🛠	○ ◐	💧💧 / 💧	mind. 16	bis 350	WO, WI	🍃 🌀 ☺
Ficus cyathistipula	Afrikanische Feige	–	🛠	○ ◐	💧💧 / 💧	mind. 16	bis 350	WO, WI	🍃 🌀 ☺
Ficus deltoidea	Mistel-Feige	–	🛠	○ ◐	💧💧 / 💧	mind. 18	50–80	WO, WI	🌀 🌿
Ficus elastica	Gummibaum	115	🛠	○ ◐	💧💧 / 💧	um 20	bis 350	WO, WI	🍃 🌀 ☺
Ficus lyrata	Geigenfeige	–	🛠🛠	○	💧💧 / 💧	mind. 18	bis 350	WO, WI	🍃 🌀 ☺
Ficus sagittata 'Variegata'	Kriechfeige	–	🛠	○ ◐	💧💧 / 💧	mind. 15	bis 20	WO, WI	🍃 ☺
Fittonia-Arten	Fittonie	116	🛠🛠	◐ ●	💧💧 / 💧	16–18	10–15	B, WI (f.-w.)	🍃
Gardenia jasminoides	Gardenie	116	🛠🛠🛠	○ ◐	💧💧 / 💧	10–16	60–150	T, S, WI	✿ 🌹
Grevillea robusta	Australische Silbereiche	116	🛠	○ ◐	💧💧 / 💧	6–15	50–100	T, WI (kü.)	🌀
Guzmania-Hybriden	Guzmanie	117	🛠	○ ◐	💧💧 / 💧	mind. 18	30–60	WO, B, WI	✿ ☠
Haemanthus albiflos	Elefantenohr	–	🛠	☀ ○	💧💧 / 💧	um 10	20–30	WO, WI	✿
Hibiscus rosa-sinensis	Hibiskus	117	🛠🛠	○	💧💧 / 💧	16–18	50–200	WO, WI	✿ ☺
Homalocladium platycladum	Bandbusch	117	🛠	☀ ○	💧💧 / 💧	mind. 5	bis 200	WO, T, WI	🌀
Hypoestes phyllostachya	Punktblume	118	🛠🛠	○ ◐	💧💧 / 💧	mind. 18	5–20	K, B, WI	🍃
Ixora coccinea und -Hybriden	Ixora	118	🛠🛠	☀ ○	💧💧 / 💧	15–18	50–100	WO, WI	✿
Justicia brandeana	Zimmerhopfen	118	🛠🛠	◐	💧💧 / 💧	mind. 12	40–100	WO, WI	✿
Kohleria-Hybriden	Kohleria	–	🛠	○ ◐	💧💧 / 💧	mind. 15	bis 50	WO, WI	✿
Maranta leuconeura	Marante	119	🛠🛠	○ ◐	💧💧 / 💧	mind. 18	20–120	WO, WI	🍃
Medinilla magnifica	Medinille	119	🛠🛠	○	💧💧 / 💧	12–15	50–100	WO, WI	🌀 ✿
Monstera deliciosa	Fensterblatt	119	🛠	○ ◐	💧💧 / 💧	mind. 15	60–200	WO, WI	🍃 ☠ ☺
Musa acuminata	Zierbanane	120	🛠🛠	☀ ○	💧💧 / 💧	mind. 20	50–200	WO, WI	🍃
Myrtus communis	Brautmyrte	120	🛠	○ ◐	💧💧 / 💧	5–10 (20)	30–150	T, WI (kü.)	🌀 🌹
Nematanthus-Hybriden	Kussmäulchen	–	🛠	○	💧💧 / 💧	12–15	bis 50	WO, WI	✿
Neoregelia carolinae	Nestananas	120	🛠🛠	○	💧💧 / 💧	16–18	20–30	WO, B, WI	🌀
Nephrolepis exaltata	Schwertfarn	121	🛠🛠	○ ◐	💧💧 / 💧	mind. 18	50–80	WO, B, WI	🌀 ☺

Die Erläuterungen zu den Symbolen und Abkürzungen finden Sie auf Seite 2.

Botanischer Name	Deutsche Bezeichnung	Seite	Pflegeanspruch	Standort/Lichtbedarf	Wasserbedarf normal/in Ruhephase	Temperatur im Winter bzw. in der Ruhephase in °C	Wuchshöhe in cm	Zimmer	Merkmale
Nidularium-Arten	Nestrosette	–	🌱	◐	💧 / 💧	mind. 18	20–30	WO, B, WI	🌀
Ophiopogon-Arten	Schlangenbart	–	🌱	◐ ◐	💧 / 💧	0–15	30–65	S, T, WI (kü.)	🌀
Pachira aquatica	Pachira, Flaschenbaum	121	🌱	☀ ○	💧 / 💧	mind. 12	50–100	WO, WI	🌀 🌿
Pandanus-Arten	Schraubenbaum	121	🌱	○	💧 / 💧	mind. 18	50–150	WO, WI	🌿 🌀
Pelargonium spec.	Duftgeranie	122	🌱	☀ ○	💧 / 💧	um 10	30–50	WO, K, T, WI	🌿 ❀ 🌹
Pellaea rotundifolia	Pellefarn	–	🌱	◐	💧 / 💧	mind. 13	30	K, B	🌹
Pentas lanceolata	Pentas	–	🌱	☀	💧💧 / 💧	10–15	30–50	WO, WI, TE	❀
Peperomia-Arten	Zwergpfeffer	122	🌱🌱	○ ◐	💧 / 💧	mind. 18	15–30	WO, K, B	🌿
Persea americana	Avocado	–	🌱	○	💧 / 💧	mind. 10	bis 150	WO, K, WI	🌿
Philodendron-Arten	Baumfreund	122	🌱	○ ◐	💧 / 💧	mind. 16	50–250	WO, WI	🌿 💀 ☺
Piper-Arten	Pfeffer	–	🌱🌱	○ ◐	💧 / 💧	mind. 15	bis 300	WO, WI	🌿 🌿
Pisonia umbellifera	Pisonie	123	🌱	○ ◐	💧 / 💧	mind. 18	60–120	WO, WI	🌿
Platycerium bifurcatum	Geweihfarn	123	🌱🌱	○ ◐	💧	mind. 15	50–80	WO, B, WI	🌀
Pleione-Arten	Tibetorchidee	–	🌱	○ ◐	💧 / –	um –10	10	WI (kü.)	❀
Pogonatherum paniceum	Zimmerbambus	123	🌱	☀ ○	💧💧 / 💧	mind. 15	20–50	WO, B, WI	🌀 ☺
Polyscias-Arten	Fiederaralie	–	🌱🌱	○ ●	💧💧 / 💧	mind. 20	bis 130	WO, WI	🌿
Pteris cretica	Saumfarn	124	🌱🌱	○ ●	💧💧 / 💧	10–12	20–50	WO, WI	🌀
Punica granatum	Granatapfel	124	🌱🌱	☀ ○	💧 / 💧	5–10	30–200	T, WI (kü.)	🌀 ❀ 🌿
Radermachera sinica	Zimmeresche	124	🌱	○ ◐	💧 / 💧	mind. 18	50–200	WO, WI	🌿 🌀 ☺
Rosmarinus officinalis	Rosmarin	–	🌱	☀ ○	💧 / 💧	max. 15	bis 100	T, WI (kü.)	🌀 🌿
Saintpaulia-ionantha-Hybriden	Usambaraveilchen	125	🌱	○ ◐	💧 / 💧	mind. 18	10–20	WO, WI	❀
Sanchezia speciosa	Sanchezie	–	🌱🌱	○ ◐	💧 / 💧	15–18	bis 200	WO, WI	🌿 ❀
Sansevieria trifasciata	Bogenhanf	125	🌱	☀ ○	💧 / 💧	mind. 15	20–150	WO, WI	🌿 🌀 ☺
Schefflera-Arten	Strahlenaralie	125	🌱	○ ◐	💧 / 💧	12–15	bis 200	WO, WI	🌿 💀
Schefflera elegantissima	Fingeraralie	126	🌱	○ ◐	💧 / 💧	mind. 18	bis 150	WO, WI	🌿 🌀 💀
Scirpus cernuus	Frauenhaarfarn	–	🌱🌱	○ ◐	💧💧 / 💧💧	mind. 10	20–25	K, B, WI	🌹
Selaginella-Arten	Moosfarn	126	🌱	◐	💧 / 💧	mind. 10	5–20	K, B, WI	🌀
Soleirolia soleirolii	Bubiköpfchen	126	🌱	○ ◐	💧 / 💧	mind. 0	5–10	WO, K, WI	🌿
Solenostemon scutellarioides	Buntnessel	127	🌱	☀ ○	💧💧 / 💧	mind. 10	10–150	WO, K, WI	🌿 💀
Sparrmannia africana	Zimmerlinde	127	🌱	○ ◐	💧💧 / 💧	6–10	50–250	WO, T, WI	🌀 🌿 💀
Spathiphyllum-Arten	Einblatt	127	🌱	○ ●	💧 / 💧	16–18	30–80	WO, B, WI	❀ 💀 ☺
Streptocarpus-Hybriden	Drehfrucht	128	🌱	○ ◐	💧 / 💧	mind. 16	15–70	WO, WI	❀
Tillandsia-Arten und -Hybriden	Tillandsie	128	🌱🌱	☀ ○	💧 / 💧	10–18	10–50	WO, B, WI	❀ 🌀 💀
Tolmiea menziesii	Henne mit Küken	128	🌱	○ ◐	💧 / 💧	10–20	20–30	W, K	🌀
Vriesea-Arten und -Hybriden	Vriesee	129	🌱🌱	○ ◐	💧 / 💧	mind. 18	30–50	WO, B, WI	❀ 💀

Botanischer Name	Deutsche Bezeichnung	Seite	Pflegeanspruch	Standort/Lichtbedarf	Wasserbedarf normal/in Ruhephase	Temperatur im Winter bzw. in der Ruhephase in °C	Wuchshöhe in cm	Zimmer	Merkmale
Yucca-Arten	Palmlilie, Yucca	129	🔧	☀️ ◯	💧 / 💧	5–10 (20)	50–300	WO, T, WI	🌀 😊
Zantedeschia aethiopica	Zimmerkalla	129	🔧	☀️ ◐	💧 / 💧	12–15 (20)	40–80	WO, K, B, WI	🌿 ✿ ☠
Saisonpflanzen									
Aphelandra squarrosa	Glanzkölbchen	133	🔧	◯	💧 / 💧	um 15	30–50	WO, WI	🌿 ✿
Begonia-Hybriden	Blütenbegonien	133	🔧	◯ ◐	💧 / –	mind. 18	20–40	WO, WI	✿
Browallia speciosa	Browallie	–	🔧	◯	💧 / –	um 17	20–25	WO, WI	✿
Brunfelsia pauciflora var. calycina	Brunfelsie	133	🔧	◯ ◐	💧 / 💧	9–14	15–35	S, T, Wi	✿
Calceolaria-Hybriden	Pantoffelblume	–	🔧	☀️ ◯	💧 / 💧	8–13	20	S, T, WI (kü.)	✿
Campanula isophylla	Zimmer-Glockenblume	134	🔧	☀️ ◯	💧 / 💧	max. 10	10–20	S, T, WI (kü.)	✿
Capsicum annuum	Zierpaprika	134	🔧	☀️ ◯	💧 / –	–	15–25	TE, WI (kü.)	🌱
Catharanthus roseus	Madagaskar-Immergrün	134	🔧	◯	💧 / 💧	mind. 12	15–30	WO, WI, TE	✿ ☠
Celosia argentea	Hahnenkamm	–	🔧	☀️ ◯	💧 / 💧	–	15–25	WO, K, WI	
Cuphea hyssopifolia	Zigarettenblümchen	–	🔧	☀️	💧 / 💧	5–12	20–30	S, T, WI (kü.)	
Cyclamen persicum	Alpenveilchen	135	🔧	◐ ●	💧 / 💧	10–15	10–30	S, T, WI (kü.)	
Euphorbia pulcherrima	Weihnachtsstern	135	🔧	◯	💧 / 💧	17–20	10–150	WO, WI	✿ ☠
Exacum affine	Blaues Lieschen	135	🔧	◯	💧 / 💧	um 15	15–20	WO, K	✿
Hippeastrum-Hybriden	Amaryllis, Ritterstern	136	🔧	◯	💧 / –	um 18	30–70	WO, WI	✿ ☠
Hyazinthus orientalis	Hyazinthe	136	🔧	◯	💧 / –	um 12	20–30	WO, WI	✿ 🌿
Hymenocallis narcissiflora	Schönhäutchen	–	🔧	☀️ ◯	💧 / 💧	10–15	40–60	WO, WI	
Impatiens-Neuguinea-Hybriden	Edellieschen	–	🔧	☀️ ◯	💧 / 💧	mind. 14	20–40	WO, WI, TE	✿
Iresine herbstii	Iresine	–	🔧	☀️ ◯	💧 / 💧	mind. 15	20–40	WO, WI	🌿
Kalanchoe blossfeldiana	Flammendes Käthchen	136	🔧	☀️ ◯	💧 / 💧	um 15	10–40	WO, WI	✿
Lewisia-cotyledon-Hybriden	Bitterwurz	–	🔧	☀️	💧 / 💧	2–10	10–20	WI, TE (kü.)	✿
Mimosa pudica	Mimose	–	🔧	◯	💧 / 💧	mind. 20	bis 50	B, WI (f.-w.)	🌿 ✿
Nertera granadensis	Korallenmoos	137	🔧	◯	💧 / 💧	8–10	5–10	K, T, WI	🌱
Pachystachys lutea	Goldähre, Dickähre	137	🔧	◯ ●	💧 / 💧	18–20	25–40	WO, WI	✿
Pelargonium-grandiflorum-H.	Edelpelargonie	137	🔧	☀️	💧 / 💧	10–15	20–50	WO, WI, TE	✿
Pericallis-Hybriden	Cinerarie	138	🔧	☀️ ◯	💧 / –	10–14	20–30	TE, WI (kü.)	✿
Primula-Arten	Topfprimeln	138	🔧	◯ ◐	💧 / 💧	12–14	10–30	S, T, WI (kü.)	✿
Rhododendron-simsii-Hybriden	Zimmerazalee	138	🔧	◐	💧 / 💧	10–12	20–80	S, T, WI (kü.)	✿
Rosa-Arten und -Hybriden	Topfrosen	139	🔧	☀️ ◯	💧 / 💧	5–8	10–30	WO, WI, TE	✿
Schizanthus-wisetonsis-Hybriden	Spaltblume	–	🔧	◯	💧 / 💧	10–15	30–40	S, T, WI (kü.)	✿
Sinningia-Hybriden	Gloxinie	139	🔧	◯	💧 / –	um 15	20–30	K, B, WI	✿
Solanum pseudocapsicum	Korallenkirsche	139	🔧	☀️ ◯	💧 / 💧	10–15	25–30	WI, TE	🌱 ☠
Sprekelia formosissima	Sprekelie	–	🔧	☀️ ◯	💧 / 💧	10–18	30–50	WO, WI	✿

Botanischer Name	Deutsche Bezeichnung	Seite	Pflegeanspruch	Standort/Lichtbedarf	Wasserbedarf normal / in Ruhephase	Temperatur im Winter in °C bzw. in der Ruhephase	Wuchshöhe in cm	Zimmer	Merkmale
Neue Indoor-Trends									
Alocasia 'Black Velvet'	Pfeilblatt	143	🛠️	○	💧💧 / 💧	20–22	25–30	WO, B, WI	🌿
Chirita tamiana	Chirita	143	🛠️	○ ◐	💧💧 / 💧	mind. 15	20	WO, WI	🌼
Crassula rupestris 'Hottentot'	Dickblatt	143	🛠️	☀ ○	💧💧 / 💧	10–15	10–20	WO	🌀
Dischidia pecteo-ides	Urnenpflanze	144	🛠️	○	💧💧 / 💧	mind. 18	40–50	B, WI	🌀
Eucharis amazonica	Amazonaslilie	144	🛠️	○	💧💧 / 💧	16–18	40–50	F, WO	🌼
Euphorbia lactea	Wolfsmilch	144	🛠️	○	💧💧 / 💧	15–18	30–40	WO, K, T	🌀 ☠
Euphorbia stellata	Wolfsmilch	145	🛠️	☀ ○	💧💧 / 💧	10–18	15	WO, T	🌀 ☠
Ficus binnendijkii 'Amstel Gold'	Ficus	145	🛠️	○	💧💧 / 💧	21–23	bis 230	WO, F	🌀 ☺
Ficus panda	Chinesischer Feigenbaum	145	🛠️	☀ ○	💧💧 / 💧💧	20–23	30–40	WO	🌀
Hemigraphis repanda	Efeuranke	146	🛠️	○	💧💧 / 💧💧	20–25	30	WO, B, K	🌿
Hibiscus 'Adonis'	Hibiskus	146	🛠️	☀ ○	💧💧 / 💧💧	14–18	bis 150	WO, WI	🌼
Hoya kerrii	Herzblattpflanze	146	🛠️	☀ ○	💧💧 / 💧	12–15	15–200	WO, WI	🌀
Juncus effusus 'Spiralis'	Liebeslocken	147	🛠️	○ ◐	💧💧 / 💧💧	20–23	40–50	WO, B, WI	🌀
Leea rubra	Leea	147	🛠️	○	💧💧 / 💧💧	22–25	bis 150	WO, WI	🌀
Microsorum scolopendrium	Farn	147	🛠️	○ ◐	💧💧 / 💧💧	20–23	40–60	WO, K, B, WI	🌿
Peperomia caperata 'Schumi Red'	Zwergpfeffer	148	🛠️	○	💧💧 / 💧	20–23	20	WO, K, B, WI	🌿
Pilea peperomioides	Ufopflanze	148	🛠️	○ ◐	💧💧 / 💧	20–22	30–40	WO, B, K	🌿
Sansevieria	Propeller-Sansevierie	148	🛠️	○ ◐	💧 / 💧	20–22	40	WO, F, WI	🌀
Syngonanthus 'Mikado'	Mikadopflanze	149	🛠️	◐	💧💧 / 💧💧	19–22	25–30	WO, B, WI	🌀
Vriesea 'Cathy'	Vriesea	149	🛠️	☀ ○	💧💧 / 💧	mind. 18	50–60	WO, B, K	🌼
Zamioculcas zamiifolia	Zami	149	🛠️	○ ◐	💧 / 💧	20–22	bis 100	WO, K, F, S	🌿
Die dritte Dimension									
Acalypha hispaniolae	Katzenschwanz	–	🛠️	○	💧💧 / 💧	ca. 16–20	bis 60	WO, WI	🌿
Aeschynanthus-Arten	Schamblume	153	🛠️	○	💧💧 / 💧💧	mind. 20	20–60	WO, WI	🌼
Ampelopsis brevipedunculata	Scheinrebe	153	🛠️	○ ◐	💧💧 / 💧	10–15	40–180	T, WI	🌀 ☠
Aristolochia-Arten	Pfeifenwinde	153	🛠️	○	💧💧 / 💧💧	mind. 15	bis 400	B, WI	🌼
Ceropegia	Leuchterblume	154	🛠️	☀ ○	💧 / 💧	15–20	bis 150	WO, S, B, WI	🌀
Chlorophytum comosum	Grünlilie	154	🛠️	○ ◐	💧💧 / 💧	mind. 15	15–80	WO, B	🌀 ☺
Cissus-Arten	Klimme	154	🛠️	○ ●	💧💧 / 💧	mind. 16	bis 300	WO, T, WI	🌿 🌀
Columnea-Arten	Kolumnee	155	🛠️	○ ◐	💧💧 / 💧	15–18	40–80	WO, K, B, WI	🌼
Epipremnum pinnatum	Efeutute	155	🛠️	○ ◐	💧💧 / 💧	mind. 16	40–300	WO, WI	🌿 ☠
Ficus pumila	Kletterfeige	–	🛠️	○ ◐	💧💧 / 💧	12–18	bis 30	WO, K, B, WI	🌿
Gloriosa superba	Ruhmeskrone	155	🛠️	○ ◐	💧💧 / 💧💧	15–18	30–200	WO, WI	🌼 ☠
Hedera-Arten	Efeu	156	🛠️	○ ●	💧💧 / 💧	mind. 15	10–200	WO, T, WI	🌿 ☺

Die Erläuterungen zu den Symbolen und Abkürzungen finden Sie auf Seite 2.

Botanischer Name	Deutsche Bezeichnung	Seite	Pflegeanspruch	Standort/Lichtbedarf	Wasserbedarf normal/in Ruhephase	Temperatur im Winter bzw. in der Ruhephase in °C	Wuchshöhe in cm	Zimmer	Merkmale
Hoya carnosa	Wachsblume	156	🛠	○ ◐	💧 / 💧	mind. 15	30–200	WO, WI	✿ 🌹
Jasminum officinale	Zimmerjasmin	156	🛠	○	💧 / 💧	8–10	50–150	T, WI	✿ 🌹
Muehlenbeckia complexa	Mühlenbeckie	157	🛠	☀ ●	💧 / 💧	um 10	10–150	T, S, WI (kü.)	🌿
Nepenthes alata	Kannenpflanze	–	🛠🛠	○	💧💧💧 / 💧💧	20–25	40–60	WO, WI	🌿
Partenocissus inserta	Jungfernrebe	–	🛠	○ ◐	💧 / 💧	mind. 12	bis 500	WO, WI	🌿
Passiflora-Arten	Passionsblume	157	🛠🛠	☀ ○	💧💧 / 💧	6–12	50–200	WI	✿
Philodendron scandens	Kletter-Philodendron	157	🛠	○ ◐	💧 / 💧	16–20	bis 100	WO, K, B, WI	🌿
Rhoicissus capensis	Kapwein	–	🛠	☀ ○	💧 / 💧	mind. 5	50–400	T, WI (kü.)	🌿
Saxifraga stolonifera	Judenbart	158	🛠	○ ◐	💧 / 💧	mind. 5	10–40	WO, S, T, WI	🌀
Scindapsus pictus	Gefleckte Efeutute	158	🛠🛠	●	💧 / 💧	mind. 18	50–200	B, WI (f.-w.)	🌿
Sedum morganianum	Affenschwanz	–	🛠	☀ ○	💧	5–12	6–20	S, T, WI (kü.)	🌀
Senecio herreanus	Erbsen am Bande	–	🛠	☀ ○	💧 / 💧	10–15	bis 60	S, T, WI (kü.)	🌀
Stephanotis floribunda	Kranzschlinge	158	🛠	○	💧 / 💧	12–16	bis 150	T, WI	🌀 🌹
Syngonium podophyllum	Purpurtute	159	🛠🛠	○ ◐	💧 / 💧	mind. 15	60–200	WO, B, WI	🌿
Tetrastigma voinierianum	Kastanienwein	159	🛠	○	💧💧 / 💧	12–15	bis 400	WO, WI	🌿
Tradescantia-Arten	Tradeskantie, Zebrakraut	159	🛠	◐ ●	💧 / 💧	mind. 10	bis 80	WO, B, WI	🌿
Unter Palmen									
Areca cateche	Betelnusspalme	–	🛠🛠	○	💧💧 / 💧	mind. 20	bis 300	WO, W	🌀
Brahea brandegeei	San-Jose-Hesperidenpalme	–	🛠🛠	☀ ○	💧 / 💧	max. 10	bis 160	T, WI (kü.)	🌀
Caryota mitis	Fischschwanzpalme	162	🛠🛠	○	💧💧 / 💧	mind. 18	bis 150	WI (f.-w.)	🌀
Chamaedorea elegans	Bergpalme	162	🛠	○ ●	💧 / 💧	10–14	bis 200	WO, WI	🌀
Chamaerops humilis	Zwergpalme	162	🛠🛠	☀ ◐	💧 / 💧	4–12	bis 250	T, WI (kü.)	🌀
Chrysalidocarpus lutescens	Goldfruchtpalme	163	🛠🛠	☀ ◐	💧💧 / 💧	mind. 15	bis 200	WO, WI	🌀 ☺
Cocos nucifera	Kokospalme	163	🛠🛠	☀ ○	💧💧 / 💧	15–18	bis 200	WO, WI	🌀
Howeia-Arten	Kentiapalme	163	🛠	○ ●	💧 / 💧	um 18	bis 250	WO, WI	🌀 ☺
Livistona-Arten	Livistonie, Schirmpalme	164	🛠	☀ ○	💧💧 / 💧	14–18	bis 200	WO, WI	🌀
Lytocaryum weddelianum	Kokospälmchen	164	🛠🛠	○	💧💧💧 / 💧	mind. 18	bis 150	WO, WI	🌀
Phoenix-Arten	Dattelpalme	164	🛠🛠	☀ ○	💧💧 / 💧	4–18	bis 200	WO, WI	🌀
Rhapis-Arten	Steckenpalme	165	🛠	○ ●	💧 / 💧	5–10	bis 200	WO, W	🌀
Sabal-Arten	Sabalpalme	165	🛠	○	💧 / 💧	10–15	bis 200	WI (kü.)	🌀
Trachycarpus fortunei	Hanfpalme	–	🛠	☀ ○	💧 / 💧	5–10	bis 300	WI (kü)	🌀
Washingtonia	Priesterpalme	165	🛠🛠	○	💧💧 / 💧	5–8	bis 300	WI (kü.)	🌀
Zimmer-Bonsais									
Carmona retusa	Chinesischer Teebaum	172	🛠🛠	☀ ○	💧 / 💧	12–22	15–80	WO, WI	🌀
Euonymus japonicus	Japan. Spindelstrauch	172	🛠🛠	☀ ○	💧 / 💧	mind. 15	15–50	WO, T, WI	🌀

Die Erläuterungen zu den Symbolen und Abkürzungen finden Sie auf Seite 2.

Botanischer Name	Deutsche Bezeichnung	Seite	Pflegeanspruch	Standort/Lichtbedarf	Wasserbedarf normal/in Ruhephase	Temperatur im Winter bzw. in der Ruhephase in °C	Wuchshöhe in cm	Zimmer	Merkmale
Ficus microcarpa var. *microcarpa*	Chinesischer Feigenbaum	172	🌱🌱	☀️○	💧 / 💧	15–20	15–100	WO, WI	🌀
Ligustrum sinense	Chinesischer Liguster	173	🌱🌱	○	💧💧 / 💧	um 15	15–50	WO, WI	🌀 🌹
Olea europaea	Ölbaum, Olivenbaum	173	🌱	☀️○	💧 / 💧	5–10	15–80	T, WI (kü.)	🌀
Podocarpus macrophyllus	Tempel-Steineibe	173	🌱🌱	○◐	💧💧 / 💧	10–15	15–80	T, S, WI (kü.)	🌀
Portulacaria afra	Elefantenbusch	174	🌱	☀️	💧 / 💧	8–16 (22)	15–80	WO, WI	🌀
Sageretia theezans	Sageretie	174	🌱🌱	☀️○	💧💧 / 💧	12–18 (22)	15–40	WO, S, WI	🌀
Serissa foetida	Junischnee	174	🌱🌱	○	💧💧 / 💧	12–20	15–40	WO, S, WI	🌀
Szygium paniculatum	Kirschmyrte	175	🌱🌱	☀️○	💧💧 / 💧	10–13	15–50	T, S, WI (kü.)	🌀 🌹
Ulmus parvifolia	Japanische Ulme	175	🌱🌱	○	💧💧 / 💧	8–22	15–80	WO, S, T, WI	🌀
Zanthoxylum piperitum	Szechuanpfeffer	175	🌱🌱	☀️	💧💧 / 💧	10–15	15–80	WI	🌀 🌹
Die besten Orchideen									
Acacallis	Acacallis	181	🌱🌱	○◐	💧💧 / 💧	22–30/15–18	30–50	WO, S, WI	✿
Angraecum	Angraecen	181	🌱🌱	○	💧💧 / –	(18)20–24	40–80	B, WI	🌹
Beallara Peggy Ruth Carpenter	Beallaraen	181	🌱	◐	💧💧 / –	22–22	30–50	B, WO, K, WI	✿
Bifrenaria	Bifrenarien	182	🌱🌱	○◐	💧💧 / 💧	20–22/15	30–40	WI, T	✿
Brassavola nodosa	„Lady of the Night"	182	🌱🌱	○	💧💧 / 💧	(18)25/18	30–40	WI	🌹
Brassia	Spinnenorchidee	182	🌱🌱	◐	💧💧 / 💧	(15)25/18	30–50	WI	✿
Bulbophyllum 'Elizabeth Ann'	Bulbophyllen	183	🌱🌱	○	💧💧 / –	20–22	20–30	WI, B, WO	✿
Calanthe triplicata	Calanthe	183	🌱🌱	○	💧💧 / 💧	18–22/15–18	50–100	WO, WI, B	✿
Cattleya	Cattleye	183	🌱🌱	○	💧💧 / 💧	18–25/10–12	25–100	WI	✿
Coelogyne cristata	Coelogynen	184	🌱🌱	◐	💧💧 / 💧	20–22/15–18	30	T, WI (f.-kü.)	✿
Cymbidium	Kahnlippen	184	🌱🌱	○	💧💧 / 💧	20–25/15–18	40–100	WI	✿
Dendrobium (Nobile)	Dendrobie	184	🌱🌱	○	💧💧 / 💧	30/12–15	30–50	T, WI	✿
Dendrobium (Phalaenopsis)	Dendrobie	185	🌱	☀️○	💧💧💧 / –	18–25	30–50	WO, K, WI	✿
Dracula	Dracula-Orchidee	185	🌱🌱	○◐	💧💧 / 💧	30/15–20	20–30	WI	✿
Encyclia	Encylie	185	🌱	○	💧💧 / 💧	(15)22–25/15	30–40	WO, WI, B, K	✿
Epidendrum	Epipendren	186	🌱🌱	○	💧💧 / 💧	18–25/12–15	30–200	WO, B, WI	✿
Epidendrum ciliare	Epipendren	186	🌱🌱	○◐	💧💧 / 💧	18–22/18	30	WO, B, K	🌹
Laeliocattleya-Hybriden	Laeliocattleyen	186	🌱	○	💧💧 / 💧	22–25/10–12	20–30	WO, B, WI	✿
Leptotes	Leptoten	187	🌱🌱	○	💧💧 / –	14–25/18	15	WI	✿
Ludisia discolor	Juwelorchidee	187	🌱🌱	◐●	💧💧💧 / –	18–22	10–15	WO, S	🍃
Lycaste	Lycasten	187	🌱🌱	◐	💧💧💧 / 💧	18–30/15–18	40–50	WI, T	✿
Maxillaria	Maxillarie	188	🌱🌱	☀️○	💧💧💧 / 💧	(15)35/15–18	30–100	WI	✿
Miltonia	Stiefmütterchen-Orchideen	188	🌱🌱	○	💧💧💧 / –	(16)20/15–18	20–60	WI, B	✿
Odontocidium-Hybriden	Odontocidien	188	🌱🌱	○◐	💧💧💧 / –	(18)20–25	30–90	WI, WO, B	✿

Botanischer Name	Deutsche Bezeichnung	Seite	Pflegeanspruch	Standort/Lichtbedarf	Wasserbedarf normal/in Ruhephase	Temperatur im Winter bzw. in der Ruhephase in °C	Wuchshöhe in cm	Zimmer	Merkmale
Odontoglossum	Zahnzungen	189	🛠	○ ◐	💧 / 💧	(18)22/12–18	30–80	S, T, WI	✾
Oncidium	Schwielenorchideen	189	🛠	☀ ○	💧 / 💧	(20)25/18	bis 120	WO, S, WI	✾
Paphopedilum	Frauenschuhe	189	🛠	○ ◐	💧 / –	15–20	20–40	S, T, WI	✾
Phaius	Phaius	190	🛠	○ ◐	💧 / 💧	25–28/15–18	bis 150	WI (f.-w.)	✾
Phalaenopsis	Malaienblumen	190	🛠	○ ◐	💧 / –	20–22	10–80	WO, WI	✾
Phalaenopsis 'Yellow Beauty'	Malaienblume	190	🛠	○ ◐	💧 / –	20–22	50–80	WO, WI, K, T	✾
Phragmipedium	Riemen-Frauenschuhe	191	🛠	◐	💧 / 💧	18–22	20–50	WI, T, F	✾
Pleione	Tibetorchidee	191	🛠	○ ◐	💧 / –	12–15/10–15	50–70	TE, WI (kü.)	✾
Promenaea	Promenaeen	191	🛠	○ ◐	💧 / 💧	(16–18)20–28	10–15	WI, WO	✾
Renantherea	Renantheren	192	🛠	☀ ○	💧 / 💧	25–27/17–22	70–120	WI (f.-w.)	✾
Trichopilia	Trichopilien	192		○	💧 / 💧	20–22	30–40	WO, WI	
Vanda	Vanda	192	🛠	☀ ○	💧 / –	25–27/17–22	bis 200	WI	✾
Vuylstekeara cambria	Cambria	193	🛠	◐	💧 / 💧	(18)22/12–18	30–60	WI (kü.-f.)	✾
Wilsonara-Hybriden	Wilsonarien	193	🛠	○	💧 / 💧	25	30–50	WI, S, T	✾
Zygopetalum	Zygopetalen	193	🛠	○ ◐	💧 / 💧	20–22/18	bis 60	WI, WO	🌿
Kakteen und Sukkulenten									
Adenium obesum	Wüstenrose	199	🛠	☀	💧 / 💧	12–18	bis 80	WO, WI	✾ 💀
Aeonium arboreum	Rosettenbäumchen	199	🛠	☀	💧 / 💧	um 10	bis 100	WO, WI	🌀
Aloe-Arten	Aloe	199	🛠	☀ ○	💧 / –	5–10	10–300	WO, WI	🌀
Aporocactus flagelliformis	Peitschenkaktus	200	🛠	☀ ◐	💧 / 💧	um 10	bis 150	WO, WI	🌀 ✾
Astrophytum-Arten	Bischofsmütze	200	🛠	○ ◐	💧 / –	10–15	bis 30	WO, WI	🌀 ✾
Beaucarnea recurvata	Elefantenfuß	200	🛠	☀ ○	💧 / 💧	mind. 10	bis 200	WO, WI	🌀
Brighamia insignis	Hawaiipalme	–	🛠	○ ◐	💧 / 💧	15–18	bis 80	WO, WI	🌀
Cephalocereus senilis	Greisenhaupt	201	🛠	☀ ○	💧 / –	mind. 15	bis 100	WO, B	🌀
Cereus peruvianus	Säulenkaktus	201	🛠	☀	💧 / 💧	8–12	bis 250	WO, WI	🌀
Cleistocactus straussii	Silberkerzenkaktus	–	🛠	☀	💧 / 💧	um 10	bis 130	WO, WI	🌀
Crassula-Arten	Crassula, Dickblatt	201	🛠	☀	💧 / 💧	5–15	bis 100	WO, WI	🌀 ✾
Crassula ovata	Geldbaum	202	🛠	☀ ○	💧 / 💧	10–15	bis 100	WO, WI	🌀
Echeveria-Arten und -Hybriden	Echeverie	202	🛠	☀ ○	💧 / 💧	5–10	bis 70	WO, WI	🌀 ✾
Echinocactus grusonii	Schwiegermuttersessel	202	🛠	☀	💧 / 💧	12–15	bis 100	WO, WI	🌀
Echinocereus-Arten	Igel-Säulenkaktus	203	🛠	☀ ○	💧 / 💧	5–10	bis 20	WO, WI	🌀
Echinopsis-Arten und -Hybriden	Seeigelkaktus	203	🛠	☀ ◐	💧 / 💧	5–10	bis 20	WO, WI	🌀
Epiphyllum-Hybriden	Blattkakteen	203	🛠	○ ◐	💧 / 💧	10–15	bis 50	T, WI (kü.)	✾ 🌿
Euphorbia grandicornis	Großhörnige Wolfsmilch	–	🛠	☀ ○	💧 / –	mind. 15	bis 100	WO, WI	🌀 💀
Euphorbia x lomi	Christusdorn	204	🛠	☀ ○	💧 / 💧	12–18	bis 60	WO, WI	🌀 ✾ 💀

Die Erläuterungen zu den Symbolen und Abkürzungen finden Sie auf Seite 2.

Botanischer Name	Deutsche Bezeichnung	Seite	Pflegeanspruch	Standort/Lichtbedarf	Wasserbedarf normal/ in Ruhephase	Temperatur im Winter bzw. in der Ruhephase in °C	Wuchshöhe in cm	Zimmer	Merkmale
Euphorbia tirucalli	Bleistiftbaum	204	🛠	☀○	💧 / 💧	12–18	bis 200	WO, WI	🌀 ☠
Euphorbia trigona	Dreikantige Wolfsmilch	–	🛠	☀○	💧 / –	12–18	bis 200	WO, WI	🌀 ☠
Gasteria-Arten	Gasterie	204	🛠	☀	💧 / 💧	mind. 10	bis 30	WO, WI	🌀
Graptopetalum bellum	Schönrosette	–	🛠	☀○	💧 / –	5–10	bis 10	WO, WI	🌀 ✿
Gymnocalycium-Arten	Gymnocalycium	205	🛠	○◐	💧 / –	8–10	bis 10	WO, WI	🌀 ✿
Hatiora salicornioides	Hatiore	–	🛠	○	💧 / 💧	10–15	bis 40	WO, B	🌀
Haworthia-Arten	Haworthie	205	🛠	○	💧 / –	10–15	bis 20	WO, WI	🌀
Hylocerus undatus	Kletterkaktus	–	🛠	☀○	💧 / –	um 5	bis 500	WI (kü.)	🌀 ✿
Jatropha podagrica	Flaschenpflanze	205	🛠	☀○	💧 / –	10–15	bis 60	WO, WI	🌀 ☠
Kalanchoe-Arten und -Hybriden	Kalanchoe	206	🛠	☀○	💧 / –	10–14	bis 100	WO, WI	🌀 ✿
Ledebouria socialis	Zimmerscilla	–	🛠	☀○	💧 / –	10–20	5–15	WO, WI, S	🌀
Lithops-Arten	Lebende Steine	206	🛠	☀○	💧 / –	5–12	bis 5	WO	🌀 ✿
Lobivia-Arten	Lobivia	–	🛠	☀	💧 / –	um 5	5–10	WI (kü.)	✿
Mammillaria-Arten	Warzenkaktus	206	🛠	☀○	💧 / –	8–12 (15)	10–30	WO, WI	🌀 ✿
Nothocactus-Arten	Notocactus	–	🛠	○	💧 / 💧	um 10	10–20	WO, WI	🌀 ✿
Opuntia-Arten	Opuntie, Feigenkaktus	207	🛠	☀○	💧 / –	7–10	bis 100	WO, WI	🌀 ✿
Pachyphytum oviferum	Dickblatt, Mondstein	–	🛠	☀	💧 / 💧	3–10	bis 5	WI (kü..)	🌀
Pachypodium-Arten	Madagaskarpalme	207	🛠	☀	💧 / 💧	mind. 18	bis 100	WO, WI	🌀 ☠
Parodia-Arten	Parodie	207	🛠	○	💧 / –	8–12	bis 15	WO, WI	🌀 ✿
Rebutia-Arten	Kranzkaktus	208	🛠	○	💧 / –	um 5	5–10	WO, WI	✿
Rhipsalidopsis-Hybriden	Osterkaktus	208	🛠	○◐	💧 / 💧	10–12	15–50	WO, S, T, WI	✿
Rhipsalis-Arten	Binsenkaktus	208	🛠	○◐	💧 / 💧	10–15	bis 50	WO, B	🌀
Schlumbergera-Arten u. Hybriden	Weihnachtskaktus	209	🛠	○◐	💧 / 💧	10–15	15–50	WO, S, T, WI	✿
Sedum-Arten	Fetthenne	209	🛠	☀○	💧 / 💧	5–10	10–30	WO, WI	🌀
Selenicereus grandiflorus	Königin der Nacht	209	🛠	○	💧 / 💧	mind. 15	bis 300	WO, WI	✿ 🌹
Stapelia-Arten	Ordensstern, Aasblume	–	🛠	○	💧 / 💧	10–18	10–15	WI	🌀 ✿

Die Erläuterungen zu den Symbolen und Abkürzungen finden Sie auf Seite 2.

Glossar

Areolen sind ein Merkmal der Kakteen: kreisrunde bis länglich-ovale, filzige Polster, aus denen Dornen und häufig Borsten und Haare entspringen.

Bromelien sind Ananasgewächse, meist Rosettenpflanzen mit langen, starren, am Rand bedornten Blättern. Die Blätter bilden eine Zisterne, in der sich Wasser sammelt. Über Schuppenhaare an der Blattbasis können Bromelien aus der Zisterne Wasser aufnehmen.

Dornen sind umgewandelte Blätter oder Sprosse und haben hauptsächlich die Funktion, die Oberfläche der Pflanzen zum Schutz vor Verdunstung zu verkleinern. Zusätzlich schützen sie vor Tierfraß.

Epiphyten sind Aufsitzerpflanzen. So wird eine Gruppe von Pflanzen bezeichnet, die auf Bäumen wachsen, ohne diesen Nährstoffe zu entziehen. Etliche Zimmerpflanzen, z. B. unter den Bromelien, Farnen und Orchideen, sind Epiphyten.

Hochblätter sind umgewandelte Laubblätter, die durch ihre Färbung beispielsweise Blütenbesucher anlocken. Sie enthalten meist kein Chlorophyll und sind oft weiß oder rot gefärbt wie bei der Calla oder dem Weihnachtsstern.

Hybriden sind Mischlingspflanzen, entstanden durch die Kreuzung zweier verschiedenartiger Elternpflanzen.

Luftwurzeln entspringen dem Spross und treten oberirdisch in Erscheinung. Verbreitet sind Luftwurzeln bei Epiphyten wie den Orchideen; hier dienen sie zur Wasser- und Nährstoffversorgung und auch zur Befestigung.

Mehrgattungshybriden entstehen aus der Kreuzung mehrerer Arten aus verschiedenen Gattungen. Die so entstandenen neuen Pflanzen vereinen die besten Eigenschaften ihrer Eltern in sich.

Meristemsorten entwickeln sich aus kleinen Gewebestücken in einer sterilen Nährlösung, im Prinzip ähnlich der natürlichen Möglichkeit der vegetativen Vermehrung (aus Teilen der Mutterpflanze).

Monopodial nennt man z. B. Orchideen, die nur einen Spross entwickeln.

Panaschierung
Bei panaschierten Pflanzen ist das für die grüne Farbe „zuständige" Chlorophyll im Blatt in Teilbereichen von gelbem Xantophyll oder von gelben bis roten Carotinoiden überlagert. Die eigentliche Ursache sind entweder natürlich auftretende Genmutationen oder äußere Einflüsse wie Licht- bzw. Nährstoffmangel (zum Beispiel an Eisen) oder Virusinfektionen.

Rhizome sind unterirdisch oder dicht über dem Boden wachsende verdickte Sprossachsen. Pflanzen mit Rhizomen wie Sansevieria, Zypergras, Canna oder Ingwer lassen sich leicht vegetativ durch Teilung vermehren.

Stacheln entstehen aus der obersten Zellschicht der Pflanzen und lassen sich leicht ablösen, z. B. bei Rosen.

Sympodial bedeutet eine mehrfache Verzweigung der Sprossachse, z. B. bei Orchideen.

Register

Absenker 77
Abutilon-Hybriden 103
Acacallis 181
Acacallis 181
Achimenes-Hybriden 103
Adenium obesum 199
Adiantum raddianum 103
Aechmea 76
    – *fasciata* 76, 104
Aeonium 76
    – *arboreum* 199
Aeschynanthus-Arten und -Hybriden 153
Afrikanischer Speckbaum 174
Aglaonema-Arten 104
Alocasia-Arten 104
Alocasie 104
Aloe 76, 199
    – -Arten 199
Alpenveilchen 135
Amaryllis 136
Amazonaslilie 144
Ampelopsis brevipedunculata 153
Angraecen 181
Angraecum 181
Ansprüche 11
Anthurium-Hybriden 105
Aphelandra squarrosa 133
Aporocactus flagelliformis 200
Araucaria heterophylla 105
Ardisia crenata 105
Arecapalme 163
Aristolochia-Arten 153
Aschenblume 138
Asparagus densiflorus 71, 106
Aspidistra elatior 71, 106
Asplenium nidus 106
Astrophytum-Arten 200
Ausläufer 77
Aussaat 77
Australische Silbereiche 116
Australische Zimmerkastanie 109
Auswahlkriterien 14

Balsamapfel 110
Bandbusch 117
Baum der Buddhisten 173
Baum der tausend Sterne 174
Baumfreund 122
Beallara Peggy Ruth Carpenter 181
Beaucarnea recurvata 200
Begonia 74
    – -Arten 107
    – -Hybriden 107, 133
Beleuchtungsstärken 18
Bergpalme 162

Betreuung 83
Bewässerung 81
Bewässerungssysteme 35
Bifrenaria 182
Bifrenarien 182
Billbergia nutans 107
Binsenkaktus 208
Birkenfeige 115
Bischofsmütze 200
Blattbegonien 107
Blattfleckenpilze 58
Blattglieder 75
Blattkakteen 203
Blattkardamom 114
Blattläuse 52
Blattstecklinge 74
Blaues Lieschen 135
Blechnum gibbum 107
Bleistiftbaum 204
Blumenfenster 88
Blütenbegonien 133
Bogenhanf 125
Brachychiton rupestris 108
Brassavola nodosa 182
Brassia 182
Brautmyrte 120
Brunfelsia pauciflora var. *calycina* 133
Brunfelsie 133
Bubiköpfchen 126
Bulbophyllen 183
Bulbophyllum 'Elizabeth Ann' 183
Buntblatt 108
Buntnessel 127
Buntwurz 108

Caladium*-bicolor-*Hybriden 108
Calamondin-Orange 109
Calanthe triplicata 183
Calathea makoyana 108
Cambria 193
Campanula isophylla 134
Capsicum annuum 134
Carmona retusa 172
Caryota mitis 162
Castanospermum australe 109
Catharanthus roseus 134
Cattleya 183
Cattleyen 183
Cephalocereus senilis 201
Cereus peruvianus 201
Ceropegia-Arten 154
Chamaedorea elegans 162
Chamaerops humilis 162
Chemie 47

Chili 134
Chinesischer Feigenbaum 145, 172
Chinesischer Liguster 173
Chinesischer Teebaum 172
Chirita tamiana 143
Chlorophytum comosum 76
Christusdorn 204
Chrysalidocarpus lutescens 163
Cinerarie 138
Cissus 73
    – -Arten 154
Citrus madurensis 109
Clivia miniata 109
Clivie 109
Clusia major 110
Cocos nucifera 163
Codiaeum variegatum 110
Coelogynen 184
Coelogyne cristata 183
Coffea arabica 110
Columnea-Arten 155
Cordyline terminalis 111
Corokia cotoneaster 111
Crassula 74, 201
    – *ovata* 202
    – *rupstris* subsp. *marnieriana* 'Hottentot' 143
    – -Arten 201
Crossandra infundibuliformis 111
Cryptanthus 91
    – -Arten 112
Curcuma zedoaria 112
Cycas revoluta 112
Cyclamen persicum 135
Cymbidium 184
Cyperus 73
    – -Arten 113

Dattelpalme 164
Dendrobien 184 f.
Dendrobium
    – Nobile-Gruppe 184
    – Phalaenopsis-Gruppe 185
Dickähre 137
Dickblatt 143, 201
Dieffenbachia-Arten und -Hybriden 113
Dieffenbachie 113
Dionaea muscipula 113
Dipteracanthus devosianus 88
Dischidia pectenoides 144
Dracaena 75
    – -Arten 114
Drachenbaum 114
Drachenlilie 114

Dracula 185
Dracula-Orchideen 185
Drehfrucht 128
Dreimasterblume 73
Drosera 91
Dschungelbrand 118
Duftpelargonie 122
Düngen 27

Echeveria 74
— -Arten und -Hybriden 202
Echeverie 202
Echinocactus grusonii 202
Echinocereus-Arten 203
Echinopsis-Arten und -Hybriden 203
Echter Mehltau 57
Edelpelargonie 137
Efeu 156
Efeuaralie 114
Efeuranke 146
Efeutute 155
Einblatt 127
Elefantenbusch 174
Elefantenfuß 200
Elettaria cardamomum 114
Encyclia 185
Encyclien 185
Epidendren 186
Epidendrum 186
— *ciliare* 186
Epiphyllum 75
— -Hybriden 203
Epiphytenstamm 90
Epipremnum 73
— *pinnatum* 155
Erde 25
— Mischungen 27
Erdstern 112
Erste Hilfe 97
Eucharis amazonica 144
Euonymus japonicus 172
Euphorbia
— *pulcherimma* 135
— *stellata* 145
— *tirucalli* 204
— x *lomi* 204
— -*lactea*-'Cristata'-Wuchsform 144
Exacum affine 135

Falscher Mehltau 57
Farn 147
Fatsia japonica 115
Feigenkaktus 207
Fensterblatt 119
Fetthenne 209

Ficus 145
— *benjamina* 73, 115
— *binnendijkii* 'Amstel Gold' 145
— *elastica* 74
— *microcarpa* var. *microcarpa* 172
— *panda* 145
— -Arten 115
Fingeraralie 126
Fischschwanzpalme 162
Fittonia-Arten 116
Fittonie 116
Flamingoblume 105
Flammendes Käthchen 136
Flaschenbaum 108, 121
Flaschengärten 91
Flaschenpflanze 205
Fransenbeutel 111
Frauenhaarfarn 103
Frauenschuhe 189
Fukientee 172

Gardenia jasminoides 116
Gardenie 116
Gasteria 76
— -Arten 204
Gasterie 204
Gefährliche Zimmerpflanzen 95
Gefleckte Efeutute 158
Geldbaum 202
Geweihfarn 123
Gewürzbeere 105
Gießregeln 34
Giftige Pflanzen für Haustiere 96
Glanzkölbchen 133
Gloriosa superba 155
Gloxinie 139
Glücksbaum 108
Goldähre 137
Goldfruchtpalme 163
Goldkugelkaktus 202
Granatapfel 124
Grauschimmel 58
Greisenbart 128
Greisenhaupt 201
Grevillea robusta 116
Grüner Heinrich 154
Grünlilie 154
Gummibaum 115
Guzmania-Hybriden 117
Guzmanie 117
Gymnocalycium 205
— -Arten und -Hybriden 205

Hängender Steinbrech 158

Haustiere 96
Haworthia 76
— -Arten 205
Haworthie 205
Hedera helix 73, 77, 156
Hemigraphis repanda 'Crispy Red Flame' 146
Henne mit Küken 128
Herkunft 10
Herzblattpflanze 146
Hibiscus
— 'Adonis' (Long Life) 146
— *rosa-sinensis* 117
Hibiskus 117, 146
Hippeastrum 62, 76
— -Hybriden 136
Homalocladium platycladum 117
Howea-Arten 163
Hoya 73
— *carnosa* 156
— *kerrii* 146
Hyacinthus orientalis 136
Hyazinthe 136
Hydrokultur 30
Hypoestes phyllostachya 118

Igel-Säulenkaktus 203
Impatiens 73
Ixora coccinea und -Hybriden 118

Jadebaum 174
Japanische Ulme 175
Japanischer Pfeffer 175
Japanischer Spindelstrauch 172
Jasminum officinale 156
Jatropha podagrica 205
Judenbart 158
Juncus effusus 'Spiralis' 147
Jungfernrebe 153
Junischnee 174
Justicia brandegeana 118
Juwelorchideen 187

Kaffeestrauch 110
Kahnlippen 184
Kaladie 108
Kalanchoe 206
— *blossfeldiana* 136
— *daigremontiana* 76
— -Arten und -Hybriden 206
Kastanienwein 159
Kentiapalme 163
Keulenlilie 111
Kindel 76
Kirschmyrte 175

Kletter-Philodendron 157
Klimme 154
Kokospälmchen 164
Kokospalme 163
Kolbenfaden 104
Kolumnee 155
Königin der Nacht 209
Kontrolle 46
Konventionelle Pflanzenschutz-
  mittel 51
Kopfstecklinge 73
Korallenkirsche 139
Korallenmoos 137
Korbmarante 108
Krankheiten 47, 57, 70
Kranzkaktus 208
Kranzschlinge 158
Kroton 110
Kugelkaktus 203
Kunststofftöpfe 62

Lady of the Night 182
Laeliocattleyen 186
Laeliocattleya-Hybriden 186
Lanzenrosette 104
Lebende Steine 206
Leea 147
Leea rubra 147
Leptoten 187
Leptotes 187
Leuchterblume 154
Licht 18, 22
Liebeslocken 147
Ligustrum sinense 173
Lithops-Arten 206
Livistona-Arten 164
Livistonie 164
Ludisia discolor 187
Ludisien 187
Luftfeuchtigkeit 36, 41
Luftnelke 128
Lux 18
Lycaste 187
Lycasten 187
Lytocaryum weddelianum 164

Madagaskar-Immergrün 134
Madagaskarpalme 207
Malaienblumen 190
Mammillaria-Arten 206
Maranta leuconeura 119
Marante 119
Maxillaria 188
Maxillarien 188
Medinilla magnifica 119

Medinille 119
Mehltau 57
Metzgerpalme 106
Microsorum scolopendrium 'Green
  Wave' 147
Mikadopflanze 149
Milchsaft, gefährlicher 94
Miltonia 188
Monstera deliciosa 22, 119
Moosfarn 126
Mottenschildlaus 55
Muehlenbeckia complexa 157
Mühlenbeckie 157
Musa acuminata 120
Myrtus communis 120

Nährstoffe 25
Neoregelia carolinae 120
Nephrolepis exaltata 121
Nertera granadensis 137
Nestananas 120
Nestfarn 106
Norfolktanne 105
Nützlinge 49 f.

Odontocidien 188
Odontocidium-Hybriden 188
Odontoglossum 189
Ölbaum 173
Olea europaea 173
Olivenbaum 173
Oncidium 189
Opuntia 75
  – -Arten 207
Opuntie 207
Osterkaktus 208

Pachira 121
  – *aquatica* 121
  – -Arten 207
Pachystachys lutea 137
Palmfarn 112
Palmlilie 129
Pandanus-Arten 121
Paphiopedilum 189
Papyrus 113
Parodia-Arten 207
Parodie 207
Passiflora-Arten und
  -Hybriden 157
Passionsblume 157
Peitschenkaktus 200
Pelargonium 73
  – -Arten 122
  – -*grandiflorum*-Hybriden 137

Peperomia 73
  – -Arten 122
Pericallis-Hybriden 138
Pfeifenwinde 153
Pflanzen
  – der Steppen und Trockenwälder 12
  – der Subtropen 13
  – der tropischen Regenwälder 13
  – der winterfeuchten Subtropen 12
  – der Wüsten und Halbwüsten 11
  – -Filtersysteme 43
  – die Schadstoffe abbauen 42
Pflanzengläser 91
Pflanzenschutzmittel 51
Pflanzgranulat 30
Phaius 190
Phalaenopsis 190
  – *scandens* 157
  – 'Yellow Beauty' 190
Philodendron-Arten 122
Phoenix-Arten 164
Phragmipedium 191
Pilea 88
Pisonia umbellifera 123
Pisonie 123
Platycerium bifurcatum 123
Pleione 191
Podocarpus macrophyllus 173
Pogonatherum paniceum 123
Portulacaria afra 174
Priesterpalme 165
Primula-Arten 138
Promenaea 191
Promenaeen 191
Propeller-Sansevierie 148
Pteris cretica 124
Punica granatum 124
Punktblume 118
Purpurtute 159

Qualität 16

Radermachera sinica 124
Räume für Pflanzen 60
Rebutia-Arten 208
Renanthera 192
Renantheren 192
Rhapis-Arten 165
Rhipsalidopsis 75
  – -Hybriden 208
Rhipsalis-Arten 208
Rhododendron-simsii-Hybriden 138
Riemen-Frauenschuhe 191
Riemenblatt 109
Rippenfarn 107

Ritterstern 136
Rosa-Arten und -Hybriden 139
Roseneibisch 117
Rosettenbäumchen 199
Rostpilze 59
Rote Spinnen 53
Ruhmeskrone 155
Rutenkaktus 208

Sabal-Arten 165
Sabalpalme 165
Safranwurz 112
Sageretia theezans 174
Sageretie 174
Saintpaulia 75
Saintpaulia-ionantha-Hybriden 125
Sansevieria 148
 – *fasciata* 75
 – *trifasciata* 125
Säulenkaktus 201
Saumfarn 124
Saxifraga stolonifera 158
Schädlinge 52, 70
Schadstoffe 42
Schamblume 153
Schefflera
 – *elegantissima* 126
 – -Arten 125
Scheinrebe 153
Schiefteller 103
Schildläuse 53
Schirmpalme 164
Schlangenkaktus 200
Schlumbergera 75
 – -Arten und -Hybriden 209
Schönmalve 103
Schraubenbaum 121
Schusterpalme 106
Schwertfarn 121
Schwiegermuttersessel 202
Schwielenorchideen 189
Scindapsus pictus 158
Sedum 11
 – -Arten 209
Selaginella 88
 – -Arten 126
Seeigelkaktus 203
Selenicereus grandiflorus 209
Sempervivum 11
Serissa foetida 174
Sinningia–Hybriden 139
Solanum pseudocapsicum 139
Soleirolia soleirolii 71, 126
Solenostemon 72 f.
 – *scutella-rioides* 127

Sparmannia africana 73, 127
Spathiphyllum-Arten und
 -Hybriden 127
Spezialerden 27
Spinnenorchideen 182
Spinnmilben (Rote Spinnen) 54
Spitzblume 105
Stammstecklinge 75
Standort 22
Steckenpalme 165
Stephanotis floribunda 158
Stiefmütterchen-Orchideen 188
Strahlenaralie 125
Streifenfarn 106
Streptocarpus 74, 75
 – -Hybriden 128
Syngonium podophyllum 159
Szechuanpfeffer 175
Szygium paniculatum 175

Teilen 71
Tempel-Steineibe 173
Temperatur 24
Tetrastigma voinierianum 159
Thripse 56
Tibetorchideen 191
Tillandsia-Arten 128
Tillandsie 128
Tolmiea menziesii 76, 128
Tontöpfe 62
Tonkingwein 159
Topfprimeln 138
Topfrose 139
Tradescantia 72 f., 88, 159
 – -Arten 159
Trichopilien 192
Tropenwurz 104

Übertopf 66
Ufopflanze 148
Ulmus parvifolia 175
Umtopfen 67
Untersetzer 66
Urlaub 92
Urnenpflanze 144
Usambaraveilchen 125

Vanda 192
Vandeen 192
Venusfliegenfalle 113
Venushaar 103
Venusschuhe 189
Verletzungsgefahr 94
Vermehren 84
Versteckblüte 112

Vitrine 88
Vorbeugung 97
Vorhang-Feige 172
Vriesea 149
Vriesea-Arten und -Hybriden 129
Vriesee 129, 149
Vuylstekeara cambria 193

Wachsblume 156
Warzenkaktus 206
Washingtonia-Arten 165
Wasser 34
Wasserpalme 200
Weihnachtskaktus 209
Weihnachtsstern 135
Weiße Fliege 55
Wilsonara-Hybriden 193
Wilsonarien 193
Wintergarten 85
Wolfsmilch 144 f.
Wollläuse 53
Wunderstrauch 110
Wüstenrose 199

x Fatshedera lizei 114

Yucca-Arten 129

Zahnzungen 189
Zami 149
Zantedeschia aethiopica 71, 129
Zanthoxylum piperitum 175
Zebrakraut 159
Zickzackstrauch 111
Zierbanane 120
Zierpaprika 134
Zierspargel 106
Zimmer-Glockenblume 134
Zimmerahorn 103
Zimmeraralie 115
Zimmerazalee 138
Zimmerbambus 123
Zimmeresche 124
Zimmerhafer 107
Zimmerhopfen 118
Zimmerjasmin 156
Zimmerkalla 129
Zimmerlinde 127
Zimmerpflanzen, gefährlich 95
Zimmertanne 105
Zwergpalme 162
Zwergpfeffer 122, 148
Zygopetalen 193
Zygopetalum 193
Zypergras 113

Bildquellenverzeichnis

Günter Andersohn: 200

Bayer CropScience, Leverkusen: 49, 51 (2), 52 u., 57 u., 58 l.

Blumenbüro Holland, Niederlassung Düsseldorf: 149 M.

Brunhilde Bross-Burkhardt: 14, 26, 72, 76, 89, 105 r., 122 M., 145 l. 189 r., 192 r., 200 r., 201 r., 202 M., 204 M., 208 r.

Compo: 29

picture-alliance/dpa, Frankfurt: 6/7, 8, 9, 15 u., 16, 38, 39, 42, 43, 44, 63, 64/65, 75 r., 78, 80, 81, 84, 86/87, 92, 93, 94 l., 96, 97, 98/99, 100, 101, 104 M., 106 r., 111 l., 111 M., 114 r., 115 r., 116 l., 188 r., 127 M., 128 M., 129 l., 129 M., 134 l., 140, 141, 142, 143 r., 144 r., 146 l., 147 M., 148 M., 149 l., 155 M., 156 M., 156 r., 157 r., 158 l., 160, 161, 162 M., 163 M., 163 r., 164 l., 164 r., 165 r., 166, 168, 169 (2), 171, 181 M., 181 r., 183 l., 183 M., 186 l., 186 M., 187 M., 187 r., 188 M., 191 M., 193 l., 193 M., 194, 198, 199 M., 199 r., 201 M., 202 l., 204 r., 205 l., 207 M., 209 M.

Floradania, DK-Odense: 10, 11, 12, 13, 15 o., 17, 19, 22, 24, 25, 37, 40, 66, 69, 75 l., 77 l., 102, 103 l., 103 r., 105 l., 106 l., 107 l., 107 r., 108 M., 108 r., 109 l., 109 M., 110 M., 110 r., 111 r., 112 (3), 113 l., 113 M., 114 l., 114 M., 115 M., 116 r., 117 (3), 118 l., 118 M., 120 M., 121 l., 121 M., 122 l., 122 r., 123 M., 124 l., 125 l., 126 M., 126 r., 127 r., 128 r., 129 r., 131, 132, 133 M., 133 r., 134 M., 134 r., 135 (3), 136 r., 137 M., 137 r., 138 M., 138 r., 139 l., 139 r., 144 l., 146 M., 146 r., 147 l., 147 r., 148 l., 148 r., 149 r., 153 l., 154 (3), 156 l., 157 l., 157 M., 158 M., 158 r., 159 r., 190 M., 195, 199 l., 200 M., 204 l., 207 l., 208 M.

Frank Julich, Jena: 56 o.

Helmut Rüger, aba-images: 169 u. r., 170 u., 172 (3), 173 M., 173 r., 174 l., 174 r., 175 l., 175 M.

Leni home design, Gebr. Lenz GmbH, Bergneustadt: 28, 30 l., 31, 35, 41, 61, 68, 79, 83, 104 r., 123 r., 145 r., 152, 165 l., 167, 180, 206 l.

mauritius images GmbH: 4, 18, 20/21, 23, 27, 34, 36, 46, 47, 59 o., 60, 62, 70, 71, 73 (2), 74, 77 r., 82, 85, 88, 90, 91, 94 r., 95, 105 M., 106 M., 107 M., 109 r., 110 l., 113 r., 116 M., 119 (3), 120 r., 121 r., 124 l., 125 r., 126 l., 128 l., 130, 133 l., 136 l., 136 M., 137 l., 138 l., 139 M., 143 l., 143 M., 144 M., 145 M., 150, 151, 153 r., 159 l., 159 M., 162 l., 162 r., 163 l., 170 o., 173 l., 175 r., 181 l., 182 (3), 183 r., 184 (3), 185 (3), 186 r., 187 l., 188 l., 188 r., 189 l., 189 M., 190 l., 191 l., 191 r., 192 l., 192 M., 193 r., 196/197, 201 l., 202 r., 203 l., 203 M., 205 M., 206 M., 206 r., 207 r., 208 l., 209 l., 209 r.

Okapia KG, Frankfurt/Main: 48, 103 M., 104 l., 108 l., 115 l., 155 l., 155 r. 164 M., 203 r.

Pixelio: /© berwis 53 o.; /© Maja Dumat 89, 120 l., 205 M.; /© Uwe Schwarz 127 l.

Scotts Celaflor Handelsgesellschaft m. b. H.: 45, 52 l., 53 u., 54 (2), 55 (2), 56 u., 57 o., 58 r., 59 u., 67

SERAMIS®, Mars GmbH, Mogendorf: 30 r., 32/33, 125 M., 176, 177, 178, 179

Shutterstock: /© Elena Schweitzer 190 r.

Wikimedia Foundation: ben Cody 123 l.; KENPEI 165 M.; Sage Ross 174 M.

Danksagung

Wir danken den Firmen **Bayer CropScience, Blumenbüro Holland, Compo, Floradania, Leni home design, Scotts Celaflor** und **Seramis®** für die unentgeltliche Überlassung Ihres Bildmaterials.